最晩年の弟子が語る
新説 中村天風の歴史

天風研究家／医師
松本光正

河出書房新社

はじめに……正確な天風年表を作成したい

天風会員はもとより、多くの人たちが敬愛《けいあい》してやまない天風先生（以下、天風とさせていただく）。没年は１９６８（昭和43）年12月１日午前１時55分、とはっきりしている。

しかし、現在流布《るふ》されている生年月日１８７６（明治９）年７月30日は本当だろうか？

実は、この生年月日はきわめて信憑性《しんぴょうせい》に乏しい曖昧《あいまい》な年月日なのである。

実父も、幼少時期を過ごした場所なども、曖昧なままになっている。

曖昧なのに多くの天風に関する著作では確定しているかのように記述されている。

そして、それが一人歩きしてしまっているのが気になる。

本当に92歳で亡くなられたのか。

私は95歳で亡くなられたと確信している。

幼児期だけでなく、中学校時代も曖昧である。

中学校は修猷館《しゅうゆうかん》だけではないはずなのに、小学校卒業後すぐに修猷館に入ったように記載されている。私の調べでは修猷館の前に福岡柳川私立尋常中学伝習館《でんしゅうかん》に入学している。

日清日露戦争に軍事探偵として過ごした時期は何年から何年までなのか。

コロンビア大学医学部入学、卒業の年月は？

いつヨーロッパに入り、いつフランスを発《た》ったのか？

インド時代は何年から何年までか？　本当に3年間の滞在なのか？　私の調べではわずかに1年3ヶ月である。


孫文（1866－1925）のいる中国にはいつ入り、いつ出国したのか？

辛亥革命《しんがいかくめい》に参加した時期は？


これら多くの年代が考証されずに、不正確なまま放置されている。

年代だけでなく出来事、エピソードにも多くの間違いがあり、間違いのまま一人歩きをしている。


それらは、小さな間違いのように思いがちだが、そうではない。

一つひとつは、天風の考えを知る上で大きな役割を果たしている事柄である。ここで間違いを指摘しておかないと、そのまま間違いが後世に伝えられてしまうのである。

事実、今でも、「天風がインドコガの部落で修行したのは嘘《うそ》である」「死因は肺癌《はいがん》である」「看取《みと》った医師は○○である」など、天風会員として見過ごすことのできない、恣意《しい》的《てき》とさえ思われる間違いが活字となって世間に出回っている。そのため天風会員ですら、そうした間違いをそのまま、そうだと信じている人がたくさんおられるのである。

私は、それがそのまま天風の歴史として承認されてしまうことに危惧《きぐ》を抱いている。

その他、なぜ天風は英語があれほど達者だったのか？

医学の勉強をしたのはいつ？　どこで？

などなど、疑問が次から次へと湧《わ》いてくる。


私は1961（昭和36）年、高校2年生から天風が御帰霊《ごきれい》になるまでの約8年間、天風の生の声、生の姿に触れながら教えを受けた。時には直接お声を掛けていただいた。

天風は私の人生に大きな影響と大きな力を与えた。

その天風の生涯を曖昧なまま、間違いのまま固定化させてはいけないと考え、正確な天風年表を作ろうと思いたった。

しかし、作業を始めてみたが、それは思いのほか困難な作業であることが判明した。

作業を困難にしている最大の理由は、正確に記載されている資料がほとんどないことである。

また、「天風自身が語っていることが意外にも信憑性に乏しい」ことにもよる。そういう困難があることを前提としながらも、まずは第一歩を踏み出すことが重要と考え始めてみた（2005年10月28日）。

だがこの種の記録は、今日正確だと思っても、明日になると新たな事実が判明してくるものである。こうして何度も何度も訂正に訂正を重ねた。

しかし、それでもまだまだ不十分である。

だが、明日また新たな事実が出てくるからといって先延ばしをしていたのでは、いつまで経っても今日の事実を報《しら》せることができない。報せることができなければ、不正確な事柄が不正確なまま固定されてしまう。今日の事実が明日になると訂正されることを前提としながら、今日分かっている事実をまずは発表しようと思う。

そして、次々に改訂を重ねて正確なものにしていく所存である。

これは、とうてい私1人の作業ではなしえない。

新しい事実をお持ちの方はぜひご一報いただきたい。

また、「私はこう考える」というご意見もぜひお寄せいただきたい。

天風を愛する人たちみんなで、天風の新しい歴史を完成させようではありませんか。

本書では、主に出生《しゅっしょう》から辻説法時代までを考証する予定である。辻説法後の足跡《そくせき》は、比較的たくさんの記録が残されているからである。

また、エピソードも種々の本にたくさん書かれてあるので、それらの大半は省き、主に年表作成という点に主眼を置いて書き出す。今後、天風に関する書物を著わす方は、曖昧な出所の分からない年表ではなく、この私の年表に沿ってお書きくださるようにお願いしたい。

もっとも、私の説が完全に正しいなどと思っているわけでは決してないことを申し添える。いろいろな見方・考え方が存在することも十分承知しているつもりである。私よりはるかに深く調べておられる方もおありだと思う。あくまでも、天風おたくの１ファンが、こんなことを考えているということをちょっと言ってみただけだ、とさらっと流していただいても一向にかまわない。あくまでも松本光正説なのである。

また、熱烈な天風ファンにとっては、教義がすべてであり、天風がどこでどう産まれようが、どこでいつ修行しようが関係ない、と思っている方がたくさんおありだということも承知しているつもりである。

しかし、私は気になるのである。「変なことを気にしている、変な奴が、変なことを書いているな」と、その程度に思っていただければありがたい。

書き始めてみると、一つひとつの人物、事項、地名などを詳細に緻密《ちみつ》に検討・検証しなければ、とてもこの種の本は書けないものだとつくづく思う。そういう意味では、まったく不完全、稚拙《ちせつ》な本だと思う。しかし完全さを待っていたのでは1歩も前に進まない。そこで、あえて思い切って発表することにした。これを土台にして天風の歴史が少しでも明らかになってほしいと思う。

新説　天風の歴史・目次

目次

目次

目次

年表を作成する前に

「天風自身が語っていることが意外にも信憑性に乏しい」と書いた。

その信憑性に乏しい事柄から書いてみる。

書き始めて私がまず最初に天地がひっくり返るほど驚いたのは、講演内で何度も何度も話され、私自身もすっかり頭に染み込んでいる人名、アメリカの成功哲学者と言われる「スエッド・マーデン」を間違えて話されていたことである。講演内で天風は「スエッド・マーデン」を常に「ローラン・スエッド・マーデン」と呼んでいた（「盛大な人生」P.180他）。

当然、私の頭にも「ローラン・スエッド・マーデン」として刻み込まれていた。しかし「ローラン・スエッド・マーデン」という人物はいろいろ調べてみたが存在しない。天風の言う「ローラン・スエッド・マーデン」は「オリソン・スエッド・マーデン」である。

しかし、講演の中で何度も語る、天風にとっては生涯を決した運命の1冊である「如何にして希望を達すべきか」（How to get what you want）の著者を間違えるであろうか。このスエッド・マーデンに会いたいばかりに、病身を冒《おか》して、大変な苦労をして、アメリカに渡ったのである。そしてアメリカで直接会って、話もしているのである。

天風自身、「ローラン・スエッド・マーデン」「How to get what you want」という言葉を講演内で、大げさに言うと、それこそ何万回も語っている最も思い出深い事柄のはずである（例1965・昭和40年2月16日護国寺講習会公開講演）。

それなのに、オリソンをローランと言い間違えたまま、何万回も語っていることに疑問が涌《わ》く。

しかし「オリソン・スエッド・マーデン」は存在するが「ローラン・スエッド・マーデン」は存在しない（「成功の実現」P.59には「オリソン・スエッド・マーデン」とあるがテープ起しのときに編集者が間違いに気づき訂正したのであろう）。

後述する祖父の鑑寛（あきとも）を鑑徳（けんとく）という間違えるはずのない名前の混乱もある。

また、1911（明治44）年5月25日マルセイユを発ったと何度も述べている。

しかし、1911年は辛亥革命の年である。そして1912（明治45）年初冬、天風は中国にいることが確かである。1911年5月25日にフランスを発ったならばインドでの修行はないことになる。これを知ってか知らずか、「天風がインドで修行したことはウソである」と書かれた書物もある。だからこそ正確な年表が必要なのである。

インドにいたことが事実とすると、1911年はありえないことになる。

また、インド滞在を晩年の天風は3年と言っていた。しかし1955（昭和30）年頃は2年数ヶ月と語り、大正時代は1年数ヶ月、1年少しと語っている。このように天風の数字の曖昧さは多数ある。それを1つずつ検証していき正しい数字を当てはめたいと思う。

こう考えると、「天風が講演内で語っているから、この年代は正確だ」とはとても言えないということである。このことをしっかりと確認しておく必要がある。この事実は天風が種々の数字、固有名詞、年代を間違えている可能性を示すものでもある。

また、2年7ヶ月は3年と誇張を加えたくなるのが人の心理である。2年5ヶ月は2年という表現にも変わるものである。

天風が年齢を満年齢で表現しているのか、数え歳で表現しているのかも考えねばならない。おそらく天風の生きた時代を考えると、すべて年齢は数え歳で表わしていると思われる。そうすると、「いくつのときにこうだったああだった」というものを年齢から年代を類推するときには注意が必要である。

そこで、年表を作るに当たっては、年代が確定しているものを基準に類推して合わせていくしかないように思う。

旧暦は明治5年12月で終わり、明治6年からは新暦に移行している。天風が生存した明治でも月日を旧暦で語っていることはないということも押さえておく必要がある。

私が推定した年表

天風誕生	１８７４（明治７）年５月１日または13日、25日生
	（東京浅草、父・立花寛治、母・テウ）
中村家へ養子	１８８０（明治13）年７月頃（養父・中村祐興）
本郷湯島小学校入学	１８８０（明治13）年９月
本郷湯島小学校卒業	１８８８（明治21）年４月
福岡柳川私立尋常中学	
伝習館入学	１８８８（明治21）年
尋常中学伝習館放校	１８８８（明治21）年
福岡県立修猷館入学	１８８９（明治22）年９月
（投石事件）	１８９１（明治24）年３月24日（火）
（殺傷事件）	１８９２（明治25）年３月
修猷館退学	１８９２（明治25）年３月
頭山満に会う	１８９２（明治25）年３月または４月頃

清国へ	１８９２（明治25）年春（５月前後）
帰国	１８９６（明治29）年
学習院中学入学	１８９６（明治29）年
学習院中学退学	１８９８（明治31）年？　諭旨退学
	（１８９６・明治29年２日で退学？）
順天求合社入学	１８９８（明治31）年
孫逸仙	１８９７（明治30）年頃孫逸仙と会う
参謀本部諜報部員に採用	１９０２（明治35）年
満蒙へ	１９０２（明治35）年12月５日出発
死刑台	１９０４（明治37）年３月21日（月）午前８時40分脱出
軍事探偵解散	１９０６（明治39）年２月11日
朝鮮総督府の高等通訳官	１９０６（明治39）年３月頃
喀血	１９０６（明治39）年６月
アメリカへ向けて出国	１９０８（明治41）年３月
上海発	１９０８（明治41）年４月

長女鶴子の誕生	1908（明治41）年？　4月16日
アメリカ着	1908（明治41）年6月　1年2ヶ月滞在
コロンビア大学医学部入学	1908（明治41）年　耳鼻科、基礎医学科
コロンビア大学医学部卒業	1909（明治42）年
アメリカ発	1909（明治42）年8月
イギリス着	（同上）
フランス着	（同上または9月）
フランス発	1910（明治43）年5月21日
カリアッパ師との邂逅	1910（明治43）年6月5日
エジプトからインドへ出発	1910（明治43）年6月6日
インドゴーク村着	1910（明治43）年9月
インド発	1911（明治44）年11月末（インド滞在　1年3ヶ月）
上海着	1911（明治44）年12月末
頭山満と再会	1912（明治45）年1月頃
第二次辛亥革命参加	1913（大正2）年7月

日本へ帰国　１９１３（大正２）年８月９日

兵庫県舞子の浜の八角堂（移情閣・孫中山記念館）に滞在

東京に海路で戻る　１９１３（大正２）年秋～冬
（または）１９１４（大正３）年１月ないし２月頃

実業界へ転進　１９１４（大正３）年～１９１９（大正８）年

虎の檻に入る　１９１８（大正７）年

福島県平
炭坑ストライキ解決　１９１８（大正７）年

辻説法開始　１９１９（大正８）年６月８日（日）

国民心身改良
実行統一協会設立　１９１９（大正８）年
（すぐに改名「統一哲医学会」）

皇居内玉音盤事件　１９４５（昭和20）年８月14日
（終戦前夜、戦争終結に反対する近衛兵が玉音盤を奪いに来るも、天風追い返す）

死亡　1968（昭和43）年12月1日午前1時55分

享年　95歳

死因　老衰

貴重な資料が寄せられる

天風に関しては、多くの書籍・活字がある。

しかし、すべての資料が正確な記述をしているとは思えない。

そこで私も、年表を作成するにあたって、参考とする文献《ぶんけん》を厳選しなければならないと思う。

参考にする文献は、天風自身の講演テープ、講演の記述本、天風の側《そば》に長くおられた方々の著述、正確に書こうという心が感じられる方の著述、天風会発行のものに止めたいと思う。

昭和20年代～30年代はオープンリールの録音機の時代である。録音機は大きくて重い、そして高価、一般家庭にはほとんどない時代である。軽くて小さく安価な録音機であるカセットテープが出てくるのはまだまだ先である。

そういう時代だから天風講演のテープは講演の回数からすると、数少ない。数少ないがそれでも有り難いことに、それなりにたくさん残されている。そしてそのテープ起こしをした、いわゆる記述本もたくさんある。経営合理化協会発行の本は天風講演録の記述本の代表である。大いに参考にさせていただいた。

松原一枝氏の本は、氏自身、天風を知っているが、いわゆるお側付きの人が書いたものではない。しかし歴史的事実を丹念に検証して書かれているので大いに参考にさせていただいた。ただ、参考にさせていただいたが間違いも多い。これが一人歩きしているのが気になる。

大井満（ペンネーム・おおいみつる）氏のものは天風ものの草分けとして貴重である。もちろん天風存命中に教えを受けた人である。さらに熱心な天風道の実践者が著わしたところに大きな価値がある。インドでの修行の様子を記したものも素晴らしいが、中でも「心機を転ず・中村天風激動の生涯」は天風の関わった大正、昭和の歴史的出来事をきちんとまとめていて第一級の文献である。とくに終戦前夜皇居内で起こった二・二六事件を上回る事件を詳細に記述しているのは、この本だけであろう。

天風の側近者の話は重要である。

側近者には杉山彦一（すぎやま・ひこいち）先生（精神科医、天風が自身の跡を継ぐ者として最も信頼していた。東京を中心に活動）の著書「いのちを活きる二」は系統的に書かれた第一級の天風の歴史書である。

橋田雅人（はしだ・まさと）先生（歯科医。京都、大阪を中心に活動。天風に可愛《かわい》がられ、天風にまつわるエピソードをたくさん残している）も天風の姿を如実《にょじつ》に残している。文章として天風を年代的に記述している筆頭は橋田雅人先生であろう。

父親も熱心な会員であった森本節躬（もりもと・せつみ）氏もお側に長くいた人ならではのエピソードを豊富にお持ちである。そしてその息子さんである森本暢（とおる）氏の著書も父から聞いた話として内容豊富である。

ある会員からいただいたサラ・ベルナール関連の本「サラ・ベルナールの世界」（株式会社燦京堂《さんきょうどう》）、「Sarah Bernhardt」（株式会社燦京堂）も第一級の資料となった。

会員のY氏からいただいた2003年発行の「なんとかなるわよ」（立花文子自伝、海鳥社）は貴重な資料である。著者の立花文子氏はなんと立花鑑徳（けんとく）の一人娘である。それこそ私にとっては、思わず「なんと！」と叫びたくなるような人物であり、また著書でもある。

天風の講演に頻繁《ひんぱん》に登場する「鑑徳」の娘であると同時に、後述する天風の真の父親、立花寛治（ともはる）にも幼少時会っているのである。立花家出身者の書かれた本であり信用できる第一級の資料である。そしてこの著書の中には鑑寛（あきとも）、寛治、鑑徳の写真がふんだんに掲載されているのも驚くべき事実である。

私は、この歴史年表のほとんどを２００５年～２００８年頃までに書き上げたが、２０１４年にこの資料に巡り会い、多くの新事実を加えることができた。

もう古い資料はないだろうと思っていたら２０１７年、「面白い資料を国会図書館で見つけた」と会員の１人が紹介してくれた。１９３４（昭和９）年発行の本で、「犬の飼育と訓練法」（岡村書店発行）である。

もう出てこないだろうと思っていたら、またまた古い本が見つかった。清水芳洲の主幹で精神統一社の雑誌「精神統一」（１９２１・大正10年11月１日号）。大正の本である。ここにインド滞在時期が記されていた。

さらに２０１９（平成31）年２月にも面白い記事を見つけた。昭和10年代後半に書かれた「人生を甦らせる方法」という本である。

古い記述は、それから20年30年後の記録より正しいと考えても、不思議ではないだろう。「哲人あの日あの時」全国版、天風会京都支部発行には第一級の史料が残っている。

全国版に先駆けて橋田雅人先生が中心になって発行された「哲人あの日あの時」も、大いに参考にさせていただいた。

天風財団編「図説　中村天風」は、豊富な写真があり、他にない記述も多くある。

その他、各地の天風会支部発行の本にも豊富なエピソードがある。「志るべ」は天風会発行の機関誌であり、天風会発行の機関誌だけあって貴重な資料が満載である。「志るべ」は最も古い公式本である。最も古いがそれぞれの記載は、それぞれの方の想いで自由に書かれている。その内容は決して天風会が公式に認定したものではない。自由に書かれていることと正確とは別物だと認識しながら参考にするしかない。

さらに残された天風のテープを丹念に聴き、その中の年代、固有名詞を拾い上げ年表作りをしてみた。

参考文献

【印刷物】

「志るべ」　天風会機関誌

真理践行暗示誦句集　天風会総本部

箴言注釈　天風会総本部

真人生の探求　天風会総本部

哲人哲語　天風会総本部

盛大な人生
成功の実現
心に成功の炎を
君に成功を贈る
いつまでも若々しく生きる
いのちを活きる
天風哲人の求道と大悟
運命を拓く
真人生の創造　中村天風講演録
和風・設立七十周年記念誌
哲人あの日あの時
哲人あの日あの時・全国版
哲人中村天風先生抄
中村天風　活きて生きた男
戦場と瞑想

日本経営合理化協会出版局
日本経営合理化協会出版局
日本経営合理化協会出版局
日本経営合理化協会出版局
日本経営合理化協会出版局
天風会　著者　杉山彦一
東京賛助会？　杉山彦一述
講談社文庫
ＰＨＰ研究所
天風会大阪支部発行　１９９４年
天風会京都支部編　１９７９年
天風会京都支部編　１９９７年
廣済堂　１９９７年　橋田雅人
中央公論社　１９９９年　松原一枝
春秋社　おおいみつる

参考文献

ヨーガの里に生きる　新人物往来社　1979年　おおいみつる
ヨーガに生きる　春秋社　1988年　おおいみつる
心機を転ず　春秋社　おおいみつる
中村天風先生人生を語る　森本暢
中村天風先生の教え　森本暢
中村天風先生の教えと一生　森本暢
天風先生座談　廣済堂　宇野千代
図説　中村天風　海鳥社
なんとかなるわよ　立花文子自伝　海鳥社　2004年
心身統一哲医学人生を甦らせる方法　本心庵
中村天風先生人生を語る　南雲堂　森本　暢
修猷館200年史
サラ・ベルナールの世界　株式会社燦京堂他
「Sarah Bernhardt」　株式会社燦京堂
「犬の飼育と訓練法」　岡村書店　昭和9年（国会図書館蔵）

「人生を甦らせる方法」　昭和10年代後半
読売新聞　1967（昭和42）年10月29日
天風先生の思いで　東京賛助会発行　2015年
野崎郁子天風会三代目会長
他多数

【音源】
中村天風講演録「心身統一法入門編」CD
中村天風講演録　心を磨く「研修科編」CD
1959（昭和34）年10月末　芦屋講演　CD
他多数のCD
1961年～1968年　東京講習会、東京夏期修練会、
秋期真理瞑想補正行修会録音テープ

【年代が確定しているもの、確実な文言】

天風の生涯に絡む年代で、しかも歴史的に確実なものは以下の6つの年代である。

これらは公式文書に残されており不動のものである。

これを動かぬ事実として当てはめてゆくことにする。これにより推論がより正確になる。

そして公式文書にはないが、どの記録も同じものが2つある。

これも確実と思われる文言（参考年代）が2つある。

その8つが下記の年代である。

1. 1888（明治21）年3月湯島小学校卒業。七年七ヶ月在籍。
小学校入学、卒業、誕生を類推する重要文書。

2. 1891（明治24年）年3月24日　修猷館投石事件。
福岡在住を示す。

3. 1909（明治42）－1910（明治43）年10月　サラ・ベルナール。フランス滞在。
天風のヨーロッパ滞在時期を類推可能にする。

4.　1912（明治45）年1月～3月の間　頭山満中国訪問。
インドでの修行時期、インドから中国へ、そして中国滞在を類推できる。
5.　1913（大正2）年8月　孫文、第二革命に破れる。
孫文8月9日～16日神戸孫中山記念館にいた。
8月16日神戸を離れ横浜に向かう。日本に帰国した時期がはっきりしている。
6.　1968（昭和43）年12月1日午前1時55分没。

確実と思われる文言（参考年代）
1.　1904（明治37）年3月21日　処刑場から救い出される。
2.　1919（大正8）年6月8日　実業界から身を引き辻説法開始。
この日付はどの文献、講演テープでも同じである。

【その他、重要参考発言・文】
・幼名は三午。
・1888（明治21）年湯島小学校の卒業生名簿に「福岡県士族」と記載。

・「春まだ浅い3月」日本出国、渡米。
・93日かかってアメリカに行く。コロンビア大学8ヶ月。医学博士。
・アメリカ・ヨーロッパに2年いた。
・サラ・ベルナールと一緒に住んでいた。
　1909（明治42）年～1910（明治43）年10月
・インドにいた。
・辛亥革命に参加。
・神戸八角堂（孫中山記念館・移情閣）に半年いた。
・都新聞の焼き討ち事件に参加。
　焼き討ちは2回有る。どちらに参加したのか。
　1905（明治38）年9月5日、1913（大正2）年2月。

出生年月日《しゅっしょう》

結論1874(明治7)年5月生まれ。

天風の生年月日から検証を始める。

天風は1957(昭和32)年12月芦屋講演の中で自ら「明治9年7月30日生まれ」と語っている(出典「志るべ」№.2009・5　P.13)。

1967(昭和42)年頃の公開講演で1919(大正8)年6月8日、「私43歳でした」と述べている。逆算すると1876(明治9)年生まれとなる。

また、通説(現在の)でも1876(明治9)年7月30日である。

しかし、これは、はなはだ信憑性《しんぴょうせい》に乏しい年月日である。

信憑性に乏しいとする根拠は次のとおりである。

1876(明治9)年生まれでは、小学校入学が4歳1ヶ月になってしまうことである。

なぜなら、

1888(明治21)年3月湯島小学校卒業、七年七ヶ月在籍と、現存する湯島小学校の記録文書にあるから、逆算すると、入学は1880(明治13)年9月である。1880(明治13)年は天風4歳である。

天風の生年月日は前記の１８７６（明治９）年の他にもう２つ存在している。

その１つは１９６８（昭和43）年12月７日、天風の葬儀で葬儀委員長、重宗雄三（当時の参議院議長）が語っている、１８８０（明治13）年生まれである（「志るべ」№92号）。

葬儀委員長が言うのであるから公式発表である。公式発表であるにも関わらず１８８０（明治13）年という年限はどこにも記載されていない。なぜ１８８０（明治13）年と言ったのか不明である。

しかし、私の記憶の中にも１８８０（明治13）年という数字がある。

これは、当時（昭和30年代～昭和43年）は１８８０（明治13）年が、会員一般の知る天風の生年月日だったことを伺わせるものである。

だから、重宗雄三氏が葬儀の場で明治13年と述べたのである。

また、これは重宗雄三氏個人の発言でなく、おそらく天風側近の者が書いた文章を重宗氏が読んだものであろうから、天風側近の者も１８８０（明治13）年説に疑問を持っていなかったのであろう。そして誰もが、１８８０（明治13）年を信じているから、なんの疑いもなく、そのまま「志るべ」に載せられたのである。

もう１つの生年月日は、天風の戸籍に記されている１８８２（明治15）年７月30日である。

しかしこの戸籍が正しいとは誰も思っていない。

戸籍どおりとすると、1888（明治21）年3月湯島小学校卒業、七年七ヶ月在籍と現存する湯島小学校の記録文書に合わなくなり、0歳で小学校に入学し、6歳で卒業してしまうことになる。その後の中学入学、退学などすべて大きく矛盾してしまうからである。

たとえば、歴史的事実である1891（明治24）年3月24日の修猷館投石事件。これは中学生の天風が起こした事件である（真相はのちほど）。

投石事件は、修猷館高校の歴史にきちんと記載されている事実である。

1882（明治15）年7月30日生まれなら9歳で中学に入っていることになる。これが間違いであることは誰の目にも明らかである。

1882（明治15）年7月30日生まれとする、この戸籍を無視することには誰も異存はないと思う。無視することに異存はないが、なぜこの戸籍が存在するのか？　考えてみる必要のある事柄である。

本郷湯島小学校にも明治9年7月生まれと記載されているのに、なぜ1882（明治15）年という戸籍があるのか。いつ誰がなんの目的で作成したのか、謎である。勘《かん》ぐれば

1882（明治15）年に親が天風の戸籍のないことに気づいて慌《あわ》てて届けたのではないだろうか。届けることは届けたが遡《さかのぼ》っての受理はないので届け出た日が戸籍になったのであろう。

これは、裏を返せば、出生の項で述べるが、天風が戸籍を作れない状態で誕生したということである。

日本経営合理化協会出版局の三部作「成功の実現」「盛大な人生」「心に成功の炎を」のうち「成功の実現」が最も早く1988（昭和63）年に出版されている。この「成功の実現」の巻末にある年表がほとんど現在の通説の天風年表になっているようである。すなわち1876（明治9）年7月30日生まれである。

以降、ほとんどの書籍の年表は、その孫引きであると思われる。

したがって、2005（平成17）年発行の中村天風財団編「図説　中村天風」にも1876（明治9）年7月30日生まれと記載されている。2007（平成19）年8月号の財団法人天風会の機関誌「志るべ」（P.21）にも同様に記載されてある。機関誌にも載っているから、これが現在の公式発表であり、通説にもなっている。

しかし、どこから1876（明治9）年7月30日が出てきたのか不明である。

おそらく、天風の講演テープの中にあるのであろう。天風自身は1876（明治9）年7月30日生まれと、少々疑いながらも、それで生涯通してきた節があちこちに見受けられる。


さてもう1度、湯島小学校の卒業名簿に戻って話を進めよう。

1888（明治21）年本郷湯島小学校の卒業生名簿には明治9（1876）年7月生と記載されている。しかし年月は記載されているが、日にちは記載がない。

この卒業生名簿をさらに子細に眺めると、次のような文字が目に入る。

在学年数　七年七ヶ月　福岡県士族とある。

士族であって華族ではない。華族は大名の子である。

在学年数　七年七ヶ月　とは何を意味するのか。

七年七ヶ月は尋常小学校と高等小学校の在籍年数であろう。

しかし七ヶ月という半端《はんぱ》な月はどのように考えるのか。

中途入学なのか、途中休みがあったのか？

これは1885（明治18）年の小学校令が解決してくれた。

1885（明治18）年に小学校令が交付され尋常小学校の上に高等小学校ができた。尋常小学校、高等小学校は共に4年と決められた。

小学校令が出る前は9月入学もあるし、4月入学もあった。

湯島小学校では9月入学であったが小学校令が出てからは4月入学、3月卒業になったと思われる。これを元に考えると天風は1880（明治13）年9月入学し、途中に小学校令を挟み1888（明治21）年3月卒業したことになる。

こう考えると七年七ヶ月の謎が解けるのである。

天風が入学する1889（明治22）年福岡の修猷館中学校は当時9月入学、7月卒業である。この制度は1894（明治27）年まで続いている。1895（明治28）年からは4月入学3月卒業になる。

同様に東京の最も古い小学校の入学が9月で卒業月が7月であったと考えてもおかしくはない。事実、他県の古い小学校の入学が9月と記載されているものがいくつもある。

しかし、通説の1876（明治9）年7月生まれとすると種々の矛盾が出てくる。

小学校の入学は1880（明治13）年9月であるから、1876（明治9年）7月30日生まれの天風は4歳1ヶ月になってしまう。4歳の子供を入学させるだろうか。しかも4歳になったばかりである。一ヶ月前にはまだ3歳の幼児である。

文字どおり在学を七年七ヶ月とすると4歳1ヶ月のような矛盾にぶつかる。

しかし七年七ヶ月は動かせない数字である。

当時は満6歳入学ではなく、4歳1ヶ月の子供でも入学を許可していたのか。明治のしかも始めの時代であってもそれはないであろうととるか、いや、4歳1ヶ月の子供も小学校に入学させていたとするかで出生《しゅっしょう》の年は大きく異なる。

これは次の法令が解決してくれた。

1875（明治8）年1月に「学齢を満6歳から満14歳までと定める」という法令が出た。さらに1880（明治13）年12月、改訂教育令が出て統制を強化している。

1880（明治13）年入学の天風だけが満4歳1ヶ月で入学したとは思われない。やはり満6歳で入学したはずである。

そうなると1876（明治9）年7月より少なくとも2年は遡《さかのぼ》ることになる。2年遡ると1874（明治7）年になる。

満6歳で入学、しかも入学の月日は9月1日とすると1873（明治6）年9月2日でも良いことになる。1873（明治6）年9月2日生まれなら1880（明治13）年9月1日入学時は満6歳となり、6歳の就学年齢を満たしていることになる。

そう考えると、誕生年月は1873（明治6）年9月から1874（明治7）年8月の間になる。

しかし明治9年生まれと学籍簿には記載されている。これはどのように考えるのか。おそらく1876（明治9）年4月8日生まれの豊治郎（後述する育ての親、中村祐興・すけおきの次男）をたてるためであろう。

天風のほうが年上であるが、弟として中村家に入った関係上1876（明治9）年7月30日が選ばれたのではないのか。

しかし、それでは入学時にわずか4歳1ヶ月となり、学校では入学を拒否されるはずである。

拒否されるはずだが当時、出生が正確に届けられることはむしろ少なく、1年や2年、2年や3年平気で遅れて出されても誰も不審に思わなかったことは想像に難《かた》くない。

私の舅《しゅうと》（妻の父親）も1914（大正3）年5月生まれだが、戸籍は1915（大正4）年1月になっている。

私の患者さんの中にも大正４年生まれだが大正６年になっているなどいう事例はしばしばあることである。大正でさえそうであるから、明治の始めに出生届けが３年や４年遅れてもなんら不思議ではない。事実、天風は明治９年生まれとしながら、戸籍は１８８２（明治15）年７月30日生まれとなっている。

入学時に「誕生日はいろいろ複雑な事情があって１８７６（明治９）年７月となっていますが、この子（天風）は本当は１８７４（明治７）年生まれで満６歳になっているのです。体格を見てくだされば分かるはずです。入学させてください」と口頭で言うだけで、「ああそうですか」とすんなりと申し出が受理された結果が学籍簿に１８７６（明治９）年生まれと記載されていると思われる。

誕生月の７月はどのように考えたらいいのか。また誕生日の30日はどうか。

１８７６（明治９）年が崩れたのであるから、７月も根拠のないものと考えるのが筋であろう。また30日というのも根拠はないと思われる。

「幼名　三午」

天風は講演の中でしばしば自分の幼名は「中村三午（さんご）源（みなもと）の光興（み

つおき）」だと述べている。

しかし、天風が言うところの「中村三午……」の「中村」は怪しい。生まれた時点で「中村」という名は生じない。中村は、後述する「中村祐興（すけおき）」のところに行ってから中村になったのであって、大名屋敷にいたときに中村はありえない名前である。

そして「三午」の由来は、午（うま）の月の午（うま）の日の午（うま）の時刻に生まれたから「三午」だと何度も述べている（「成功の実現」P.114）。

この「三午」という名前に偽りはないであろう。そして「三午」のいわれも真実であろう。

そこで、この「三午」から類推してみる。

午《ご》の月は端午《たんご》の節句というように5月である。そうなると5月生まれということになる。5月生まれということがはっきりしたからには1875（明治8）年生まれということはなくなる。満6歳で小学校に入学したという線を守れば生まれは1874（明治7）年となる。

6歳入学にもかかわらず、もしかすると7歳で入学させたかもしれないし、8歳になってから入学させたかもしれない。そうなるとまたまた生年は分からなくなる。

しかし、ここでは世間に倣《なら》って天風の親も天風が満6歳になったので入学させたとして話を進めてゆく。

1874（明治7）年5月の午の日は三日ある。5月1日、5月13日、5月25日である。この三日のうちのどれかであるが、これ以上絞ることができない。

午の月の午の日の午の時刻に生まれたと語っているので、5月1日午後12時生まれでも良いし5月13日でも5月25日でも良いことになる。

時間まで分かっているのに日にちが特定できない。

いずれにしても誕生月は7月ではなく午の月の5月である。

参考に7月は申《さる》の月である。

ちなみに三午の由来から午歳を探すが午歳は明治9年前後にはない。午年は1870（明治3）年、庚午（かのえうま）。1882（明治15）年、壬午（みずのえうま）である。

もっとも天風は「午の月の午の日の午の刻だから三午とした」と何度も述べているので午歳を探す必要はない。また1870（明治3）年では小学校卒業が18歳になってしまうし、1882（明治15）年では6歳で卒業になってしまう。

午の月の5月に生まれ、満6歳の9月に入学したことを考えると1873（明治6）年という線はなくなり、1874（明治7）年となる。
これまでのことを整理してみると、
生まれ年は1874（明治7）年。生まれ月は5月。
日にちは1日、3日、25日のいずれか。時刻は午後12時となる。
そこで誕生は1874（明治7）年5月生まれである。
日にちは1日、13日、25日のいずれかである。

天風先生の生存期間は？

1876（明治9）年7月生まれとしていたから92歳で死亡となっていた。

しかし誕生年が1874（明治7）年となった以上、92歳死亡は訂正しなくてはならない。

1874（明治7）年5月生まれで1968（昭和43）年12月1日午前1時55分死亡であるから94歳6ヶ月＋7日～30日となることは確実である。

6ヶ月＋7日～30日を四捨五入すると死亡年齢は95歳となる。

92歳でお亡くなりになったのではなく95歳でお亡くなりになったのである。

敬愛する天風先生の寿命が3年延びたことになる。
これは大発見であり大いなる喜びである。ばんざーい!!

父親は誰か？

誕生日が不詳なのに通説のまま引用され続けているように、父親も通説が引用されている。

通説を通すほうがいろいろな意味で無難であることは間違いない。しかしいつまでも無難を優先させていいものだろうか。そろそろ無難を優先させずに真実を述べる時期にきているのではないだろうか。

真実を述べることは決して天風を低めることではない。そのように考えるほうがおかしいと思う。どのように生まれようと偉大な天風は偉大な天風である。

そこで父親について検証してみることにする。

(1) 父親は中村祐興？

通説では父親は中村祐興（すけおき）（1829・文政12年7月7日生、1909・明治42年10

月12日82歳没）となっている。

祐興は九州、旧柳川藩士である。明治維新後、新知識を身につけた有能な官吏《かんり》であった。

紙幣に使う紙の研究をした我が国の紙幣印刷の最高功労者である。当時としては破格の高給（120円／月）取りであった。ちなみに1891（明治24）年巡査の給料は8円／月であった。

また、山本覚馬（やまもと・かくま1828‐1892。NHK大河ドラマ「八重の桜」の主人公八重・新島襄の妻の兄）の給料を調べてみると、京都府顧問30円／月である。120円／月はまさに高給であった。

天風は、その中村祐興の第三子として誕生したことになっている。

しかし中村祐興の子とすることは間違いである。祐興に幼少期、育てられたことは間違いないが、祐興はあくまでも「育ての親」である。

祐興が天風誕生の頃（明治維新から10年ほどの幅を持たせる）に大名屋敷にいた形跡はない。

それなのに天風が大名屋敷にいた証拠は数々ある。

祐興の子であるが、理由あって大名屋敷で育てられたと考えられないこともないが、あまりにもかけ離れた推論と言わざるをえないだろう。

(2) 天風は大名の子供?

明治時代に大名という地位は存在しない。正確に言うと、旧大名と言うべきであろう。しかし明治のきわめて初期であるから、大名と言ってもそれほど間違いないであろう。そこで、ここでは大名という言葉を使うこととする。

天風が大名屋敷におり、大名の子供として育てられたことは疑う余地はない。これは、2人の腰元が天風の世話をしていたという話からも推察できる。腰元が2人もつくというのは大名屋敷以外では考えられない。

天風は講演(1964・昭和39年8月24日東京夏期修練会　力の誦句)の中で、このことを次のように話している。

「2人の腰元がついていたんであります。1人は別嬪《べっぴん》で、1人はへちゃなんです(別嬪=駒女・へちゃ=静女、1962・昭和37年京都真理瞑想輔成行修会。「志るべ」2014年1月号P.12)。しかし私はそのへちゃのほうが好きなんであります。だからそのへちゃのほうが来ると、すぐに抱かれたり、負ぶわれたりしたんでありますが、別嬪のほうが来るとなんだかいやだったんでありますす。しかしお祖母《ばあ》さん（立花鑑寛の妻？）は言ううんでありますす。縁があってお世話してくださるのですから、分け隔てしてはいけません」云々（１９６２・昭和37年京都真理瞑想輔成行修会。「志るべ」２０１４年1月号にも載っている）。この話はたくさんの音源に残されている。

また爺《じい》として立花鑑寛（あきとも）とのやりとりを何度も講演内で話され、多くの人が聴いている。

「子供のとき、あたしの爺っていうのが、明治の初代の伯爵《はくしゃく》になりました立花けんとく（鑑徳。鑑寛の間違い）であります。若いときはまだ25万石の殿様。で、毎晩御飯を食べるときには晩酌2合ずつが楽しみで、そして必ずあたしを呼ぶんであります。私の小さい名前はさんご（三午）みつおき（光興）と言ったんであります。詳細に言えば『中村三午源（みなもと）の光興』と言ったんであります。で、晩酌になりますと私に仕えている、ま、昔で言えば腰元が呼びに来て『さ、お殿様のとこにまいりましょ』。

そして爺のとこに行くとね、酒飲みながら、もう必ず毎晩なのであります。『近うまいれ、そこのものをとれ、三午、見ろこの額の傷を』。これ、三日月形の刀傷なんです。『これは爺が若かりし頃、天草の騒動に出て、男の誉《ほま》れとするむこう傷じゃ。男はのー、いつも真剣勝負の気持ちで生きねばならん。真剣の気持ちは、心の臆する気持ちのないことじゃ。わかったか』。これなんだ。これが毎晩。『近うまいれ』。始まるなと思った。『これなるものをとれ。三午見ろ』」（この続きは「軍事探偵」の項に続く）。

これらは明らかに天風が大名の子として幼少を過ごしたことを示している。

「大名の子に育てられたからわがままいっぱいでした。自分ではわがままなつもりじゃないけれども、わがままに育てられちまうんですから」（「成功の実現」P.263）。

天風得意の講談「沢庵禅師《たくあんぜんじ》と虎《とら》」の中で、沢庵が家光に面会するときの様子が語られている（1964・昭和39年8月29日東京修練会）。

「さて型のとおりの挨拶。もう決まり文句であります。我々にも覚えがありますが、殿様の前へ出ますと『麗しきを拝し恐悦至極』。もう決まっているん。あれはもう紙に書いて出したほうがいい。そうすると『そちも堅固（けんご）で重畳（ちょうじょう）』こう言う。もう既に六つくらいから私も教わっている。誰が来ても『そちも堅固で重畳。今、言っちゃだめだよ、そんな事』」という件《くだり》がある。

天風は、この武家屋敷での殿様と家来の間で交わされる挨拶を「私にも覚えがあります」と講談の中で語っている。これは、大名屋敷や殿様が身近だったたから言える言葉である。

これも天風が大名屋敷にいたことを表わしている。

この講談の中で「六つくらいから」という重要な発言をしている。これは6歳または5歳から屋敷を離れていたことを意味する。屋敷を離れていて、しばらくぶりに殿様に会うから、このような挨拶がなされるのである。毎日会っている間ではこのような挨拶はない。私は長い間、この挨拶の件が不思議であった。なぜこのようなしばらくぶりで会うような仰々《ぎょうぎょう》しい挨拶がなされるのか？

しかし、次のように考えてようやくこの件に合点がいった。

6歳か5歳に母親と屋敷を出て、祐興（すけおき）の下《もと》に行ったのである。そして時折、爺の殿様に会いに里帰りしていたのであろう。天風が鑑寛（あきとも）の下から祐興のところに移ったこと、並びに時期を示している重要な言葉である。

「志るべ」（No.92 哲人追悼特別号）に、天風の長女、安武鶴子の「父を思う」という文が掲載されている。この中で父天風の祖父は九州柳川藩立花家の大名だと述べられている。娘が祖父と父のことを述べている貴重な文である。大名屋敷の中で育ったことを身内が述べている唯一の文である。

また、育ての親である中村祐興が天風のことを「世が世ならば云々」という表現で語っているテープもある。「世が世ならば云々」は「天風が大名の子供である」という間接的な表現である。

(3) 父親は立花家14代寛治

父親は立花家14代寛治（ともはる）（1858年生まれ。「なんとかなるわよ」立花文子自伝P.49には1857年生まれとある）である。

天風は講演の中で鑑寛（あきとも）（鑑徳・かんとくと呼んでいるが間違い。鑑寛と思われる）を「爺」と呼んでいる。

鑑寛が「爺」なら天風の父親は鑑寛の子供であり、天風はその子供である。

鑑寛には2人の息子がいたが、長男は早逝《そうせい》しているので、天風は次男である寛治（ともはる）の子供である。

寛治の子供であるから、鑑寛は天風を孫と呼んでいるのである。

ある本の著者が、天風が自らのことを「表向き孫ですから」と言った言葉にこだわり、表向き＝鑑寛の本当の孫ではなく実は鑑寛の子供である、と推理を働かせているが、必ずしもそうは言えない。「表向き」と言うのは、「寛治の不義の子供であるから、鑑寛の孫には違いないが、正式な家督を継がせる孫ではない」という意味で使った言葉である。

事実、天風は鑑寛にとっては自分の息子の最初の男子（初孫）なのである。だから不義の子供（不義の孫）であっても可愛《かわい》いのである。天風を鑑寛の子としなくても十分辻褄《つじつま》は合うと思う。

初めての可愛い男子の孫を夕餉《ゆうげ》に呼び寄せて、爺が自分の昔の手柄話、自慢話を毎晩のように聞かせてもなんら不思議はないと思う。幼少の天風は、そういう爺にことのほか可愛がられるだけの利発な少年だったのではないだろうか。

繰り返しになるが、天風が鑑寛を「爺」と呼んでいる事実をそのまとり、鑑寛を爺と呼ばせた事柄を推理するほうが自然であろう。爺は鑑寛であることは間違いない。しからば鑑寛を爺と呼んだ天風の父親は、鑑寛の息子となることは必然である。

では母親は誰か？

寛治の不義の相手は屋敷内の奉公人ではないだろうか。

寛治が奉公人のテウに産ませた子供と考えたらどうであろう。

寛治は1858年（1857年生まれ？前出）福岡県柳川生まれ。

1873（明治6）年、寛治は15歳である。15歳は十分に孕《はら》ませられる年齢である。鑑寛にとって寛治は可愛い。

その可愛い寛治が奉公人を孕ませてしまったのである。

そうして産まれたのが天風である。寛治16歳。テウ19歳。

可愛い寛治の子であり、かつ気に入りの？　奉公人テウの子供でもある。

だから鑑寛は天風を自分と同じ藩邸に住まわせ可愛がった。

しかし1880（明治13）年、寛治に正式の子供である鑑博が誕生したので、屋敷を引き払ったのであろう。

そして後述する福岡県の士族、中村祐興の息子として育てられることになる。中村祐興という士族の息子になったので、大名の子であるが身分は「華族」でなく「士族」である。

そこで1888（明治21）年湯島小学校の卒業生名簿にも「福岡県士族」と「士族」が付けられている。福岡県の士族、中村祐興の子供として届けられたのである。

「天風は大名の子供？」の項で述べたように、天風の世話をする腰元が2人いたということは何を意味するのか。本妻でもない女が産んだ子供に、腰元を2人もつけたということは、天風を大事にした表われである。天風も大事にされたが、母親のテウも屋敷内に住んでおり大事にされていたことを示唆する内容である。

「従五位の位」

15歳のとき（1891・明治24年？）、「従五位の位をもらった」と述べている（「成功の実現」P.252。他）。「華族というのはそういうものだ」とも述べている。

しかし、小学校では士族になっているのに華族として従5位がもらえたというのはどういうことか？

「従五位の位」というのは、華族の嫡男《ちゃくなん》（本妻の長男）が従五位に叙せられることである。

従五位は華族の嫡男の異称としても用いられた。

しかし天風は華族ではない。寛治（ともはる）の子と考えれば華族であるが、寛治の正室（本妻）の子ではない。従五位をもらったというのは何を意味するのか？

しかし従五位をもらったということが事実とするならば（もらったから「従五位の位」という言葉が出てくるのである。もらわなかったらこういう言葉は出てこないであろう）、寛治の長男ということであり、祖父である鑑寛（あきとも）の子ではないという証拠である。

鑑寛の長男は早期に死亡している（「なんとかなるわよ」立花文子自伝P.50）。寛治は鑑寛の次男である。次男が従五位を授かることはない。従五位を授かったということは、まさしく寛治の子、寛治の長男という意味を持つ。これも鑑寛の子ではないという間接的な証拠である。

くどいようであるが、従五位は中村家のような士族には与えられない、華族に与えられる称号である。士族の家に養子に行ったが、実質的には華族であったのだろう。

いずれにしても華族や従五位という言葉が登場してくる、そういう環境だったことは間違いない。

立花寛治は、1857（安政4）年生、1929（昭和4）年2月5日死亡、立花鑑寛の次男。柳川生まれ。華族。東京に住むことを義務づけられ上京。

兄死亡のため1874（明治7）年、18歳で家督を継ぎ14代立花家当主となる。

1884（明治17）年柳川に帰る。

「なんとかなるわよ」立花文子自伝に、なぜか明瞭な写真が掲載されている。

自分を伯爵と呼んでいた天風

天風は講演内でしばしば自分を伯爵扱いしている。

たとえば、子供のときからの会員である出田節子。観念要素の更改法の講演内でしばしばこの出田節子を引用している。天風が「寝がけは薄絹に真珠を包んだような気持ちで寝なさいと言ったら、真珠を薄絹に包んで枕元に置いて寝ている、可愛い子ですよ」と節子を紹介している。

雑誌「JAPAN：The NEW York Style Magazine」（２０１５ vol.４）に天風が出田節子と一緒に写っている写真が掲載されているが、夫の伯爵バルテュス・ド・ローラ画家とイタリアから帰国し、天風と懇談したことを次のように話している。「私はイタリアの伯爵、あなたは日本の伯爵、仲良くしましょう」と言われたと。

天風の中には終生《しゅうせい》、立花家が大きく存在していたのであろう。

また天風の着ている羽織は、柳川15万石立花家の紋《もん》であることも天風の立花家に寄せる思いを伺い知ることができる（橋田雅人。「志るべ」№３８２）。

祖母は誰か？

天風が言うところの「おばあさん」の話も、しばしば天風の講演の中に登場する（例1964・昭和39年東京修練会　力の誦句）。

この「おばあさん」は誰であろう？　育ての親である祐興（すけおき）の母親でも、実母のテウの母親でもない。

これは紛れもなく天風が「じい」と呼んでいた鑑寛（あきとも）の妻を指しているのである。鑑寛が「じい」だから、鑑寛の妻は「おばあさん」である。

鑑寛の妻を指しているということは、これはまた、天風が大名屋敷にいたということになる。

おばあさんは92歳で死去。天風24か25歳だったという（テープ講習会3日目）。24歳は1876（明治9）年生まれとすると1900（明治33）年となる。

逆算すると祖母は1808年生まれとなる（1808?年－1900?年）。

出生場所

東京都台東区東区下谷にあった柳川藩江戸上屋敷であろう。

この屋敷は明治時代に立花伯爵邸になった。明治維新になると、公卿《くぎょう》と旧藩主は華族という身分を与えられて東京に住むことを義務づけられて柳川から上京した。

このとき、寛治も一緒に上京している。このことは立花文子氏の著書に書かれてある。

当時、柳川藩の下屋敷は浅草にあったが、ここは伯爵邸にならなかったようだ。

２００７（平成19）年８月号の財団法人天風会の機関誌「志るべ」が最も新しい公式発表であるが、そのP.21には東京府豊島郡王子村（現東京都北区王子）王子の官舎で生まれたとある。しかしこれは明らかに間違いである。

王子の官舎は祐興（すけおき）の働く官舎であり、天風の生まれた場所ではない。天風が幼少時、遊んでいた場所である。

天風は、「私は当時、王子にあった印刷局の官舎で生まれた」と語っている（１９６７年10月29日読売新聞）。これは父親を中村祐興とするから出生場所が王子になってしまう。

天風は立花家、大名の子として生まれている。立花家の東京での屋敷は浅草にあった。

これは浅草の古地図を見れば、今でも立花家由来の場所がいくつも見つかる。

大名屋敷で生まれたとすると、出生場所は東京台東区東区下谷である。

しかし、母テウが実家に戻り出産したとなれば深川になる。

いずれにしても王子ではない。

中村祐興のルーツは?

祐興（すけおき）の母は立花鑑賢（あきかた。10代藩主）の側室千代子（強子と書いてある本があるが……）。

千代子の実家は中村姓である。

父親は西田一甫とする説、鑑賢とする説がある。

西田一甫（士族）は中村姓の千代子の養子となるが、実際は夫ではないかと言われている。祐興はこの中村家の長男となる。そこで天風の姓は「中村」なのである。祐興は鑑賢の子供であったとしても、中村姓の士族の子供であるから戸籍上は士族である。

祐興の墓石には福岡県柳川藩の士族長子とあり長男である。というわけで祐興が立花家ゆかりの人物であることは間違いないことが分かる。

ここで「なぜ鑑寛（あきとも）が祐興に天風を預けたか?」という謎が解けるのである。

祐興は立花家とは深い血筋の関係にあるからである。

中村家は立花家の一門であって筑後中村、三池城主として1万石を与えられていたと書かれている本がある。九州立花家が舞台であるから、中村も九州と考えるのは至極当然である。

誰しもが当然と考え、私も九州の中村だと思い込んでいたが、不思議なことに中村天風の中村が九州筑後の中村ではなく東北福島、磐城《いわき》の中村の出だと推測できる資料がある。

1965（昭和40）年名古屋の修練会、信念の誦句の真理瞑想で天風自身が語っているテープが残されている。私自身、この話は講習会で何度か天風の口から聴いている。

「私は明治初代伯爵になった立花鑑徳（けんとく・間違い。本来はあきとも・鑑寛。私の知っている範囲では生涯、鑑寛をけんとくと発声していた）の孫なんだ。あたしのおやじが立花鑑徳（鑑賢の間違い）伯爵の2号夫人の子供なんだ。だからあたしんとこは中村となっている。会津中村6万石の跡継ぎになったんだ。『祥光院殿』という名前をもらった2号夫人の子供に生まれたのがおやじ、またその子に生まれたのがあたし、だから孫だ」と語っている。

「え？　何これ？　会津の中村だって？」と非常に不思議に思ったが、長いこと調べもせずに放置しておいた。が、まったく関係のないことなら、天風が口にするはずはない。天風は東北の「中村」だと若い頃に聴かされている、聴いて記憶しているから「会津中村

6万石」ということを口にしたはずである。聴いていないのに会津中村という言葉は出てこない。

しかし調べて見ると、相馬中村藩は存在していたが会津中村藩はない。

後述する祐興の歴史の中に、赴任先、平県（磐城）というのがある。

祐興は自分の母親のルーツは福島、相馬の中村だと聴かされていたのであろう。祐興が相馬の中村だから、上司はこれ幸いと縁のある平県に赴任させたのであろう。または祐興自ら自分のルーツである平県の赴任を希望したと推測しても、明治の初期という年代を考慮すると、あながち無理な推測ではないと思う。これも中村は「磐城の中村」だと推理してもかまわない材料であると思っている。

もう1つ、面白いことに祐興だけでなく天風も磐城に関係している事件がある。

偶然にしてもちょっとできすぎている偶然である。

1918（大正7）年3月、天風が磐城平炭鉱のストライキ事件に関わったのも偶然ではなく、天風が磐城と関係の深いことを知っていた頭山満翁があえて、意図して天風を磐城に派遣させたという見方はどうだろう。

古い歴史の中で相馬の中村と筑後の中村の交流が親密にあったのかは郷土史家に任せた

いと思う。

1868（明治1）年発令された徴士《ちょうし》（藩士あるいは有才の者が政府に登録されて官に就く）になり、祐興は、大津県権判事から大参事、租税権助、平県（福島県）参事を経て1874（明治7）年紙幣寮に出世した。時に45歳であった。その後出世街道を驀進《ばくしん》し、抄紙《しょうし》部長になる。

以下、福岡県みやま市みやま市立図書館HPより抜粋。

1.中村祐興（1829-1911）

文政12年7月10日、現山川町原町に生まれる。慶応元年、長崎の操練伝習所へ遊学の後、明治元年に徴士となって大津県（現在の滋賀県）の権判事に就任。明治3年に大津県が大洪水にみまわれた際、祐興の責任において国の公金を救助金として緊急に支出し、多くの県民を救った。また、中央官と地方官の意志の疎通と地方の実状にあった政策を行うことを目的とした「地方官会議建白」をし、明治7年の大蔵省主催の「地方官会議」に発展した。地方官として活躍した後、明治3年に大蔵省に転身して監督正（現在の会計検査院の長）に任じられ、日本で初めての官営模範工場となる富岡製糸場に関わった。明治7年、当時の大蔵省紙幣寮初代抄紙部長に任じられ、紙幣用紙の開発に取り組んで透かし入れに最適な「中村紙」を開発。幕末から明治への新旧交替の時代、贋札造りの横行や旧幕府以来の各種硬貨・藩札などの流通による混乱の中で、弊制の統一・近代化に貢献した。その後、明治31年に官を辞して福岡に隠棲。明治33年に中村紙の開発と紙幣用紙の改良が評価されて正五位勲四等瑞宝章を受け、明治42年10月14日に82歳で没した。

天風は祐興のことを、読売新聞１９６７（昭和42）年10月29日付の「わが心の風土」という欄で次のように語っている。

「私は、およそ九十年前、当時王子にあった印刷局の官舎で生まれた。父、祐興は九州柳川藩主立花家一門の出で、若い時、長崎に出て福沢諭吉氏などと洋学を修め、幕末に日本で発刊された最初の新聞『海外新聞』の最初の定期購読者であったほどの進歩的な、いわば文化人であった。明治四年創設された紙幣寮の初代の抄紙局長として現行紙幣の紙幣改良の仕事に当たった。だから私は幼少の時から、家庭において厳格な封建的なしつけと剛健な尚武の精神を植え付けられたのである」

祐興は、幕末時代、海外新聞を読むほど英語堪能であった。

母親のテウ

1855（安政2）年1月28日生まれ（19歳にて天風出産）、1928（昭和3）年11月17日没74歳（1928年11月17日74歳で死亡なら、1854年生まれになるが……）。

東京府深川区深川西元町。父・太田満幸の長女。

生まれは神田小川町（1967・昭和42年1月20日の東京講習会で天風が述べている）。

テウは台東区の上屋敷立花家の奉公人、そして鑑寛（あきとも）も気に入っていた奉公人であろう。

テウを屋敷の、しかも鑑寛お気に入りの奉公人とすると数々の疑問が解決する。その疑問とは、なぜテウが天風と一緒に屋敷内に長くとどまることができたのか。また、天風がなぜ鑑寛に可愛《かわい》がられたのか。世話をする腰元を2人もつけてもらえたのかなどである。

テウは鑑寛お気に入りの奉公人だからこそ、屋敷内に長く住まわせ、その子供、天風には腰元を2人もつけさせたのである。

そして夕食になると傍《かたわ》らに呼んで可愛がったのである。テウは天風の幼児期、天風と共に鑑寛の屋敷内に一緒にいた、そのことを講演内でしばしば話されていた。

2人の腰元にまつわる話で、母テウに「私がまだちっちゃいちっちゃいとき、なぜ人の心の中には、人が好きになったり嫌いになったりするのかと母に質問するというのでなく、聞いたことがあるんでありますす」などと、屋敷内での母テウとの会話を笑顔でしばしば語っている。

また、幼児期に転んで泣いて家に帰ってきたらテウが転んだ現場まで天風を連れていき、「転んだ場所を踏みなさい」といった話を子供を育てるときの教訓話として講演内で話されている。テウをどこまでも敬愛していた。

こういう事実から、テウは育ての親だけではなく産みの親でもあると考えても間違いはないと思われる。

その後、祐興（すけおき）の後妻として天風と共に王子の官舎に移った。

後妻とする根拠は、祐興には既に2人の息子がいた。長男の光次郎（光興・みつおき）は1867（慶応3）年生まれ。光次郎を実の子とすると、テウ12歳の子供となる。これは早婚の時代背景を考慮しても早すぎるであろう。

そこで、テウは祐興の後妻であろうと思われる。祐興の先妻については不明である。

1886（明治19）年12月9日福岡県山門郡矢富村の高石静雄養女として入籍している

が、養女、入籍とは何を意味するのか?

祐興の妻として嫁いだ経過はどのように考えるのか?

疑問が残る。

後年、大正期に天風の講演を聴いている。どのような親子関係だったのか?(1964・

昭和39年8月24日東京夏期修練会　力の誦句)。

中村家の家族構成

長男　光次郎(光興)　1867(慶応3)年7月7日生
医師。48歳で死亡(出典「いわ」P.290)
次男　豊治郎　1876(明治9)年4月8日生
長女?
二女　ミネ　1877(明治10)年5月10日生
三女　カメ　1880(明治13)年11月1日生
三男　三郎(天風)　1882(明治15)年7月30日生(戸籍の記載)
四女　政　1893(明治26)年3月23日生

四男　祐吉　1894（明治27）年9月30日生
五男　祐雄　1896（明治29）年8月28日生
（「中村天風　活きて生きた男」より引用）

天風と母テウが中村家に移ったのを1880（明治13）年とするなら、長男、次男、長女、二女、三女までは母テウの子供ではないだろう。彼ら5人は、祐興の子供という以外に真相は不明である。

兄が医者であり北里柴三郎の弟子であることは講演の中でしばしば出てくる。兄が光次郎なのか豊治郎なのかは定かではない。たぶん、光次郎だったと思われる。

ただ、弟も医者であり「2人して天風の病を治そうとしたと1959（昭和34）年芦屋の講演で述べている」と作家の宇野千代（うの・ちよ1897-1996）は語っている。

しかし、弟が仮に医師だったとしても年齢的に合わない。弟祐吉は天風が日本で結核に苦しめられている明治の末には、まだ10歳である。医師になれる年齢ではない。もちろん五男の祐雄が医師であるはずはない。

そうすると長男光次郎と次男豊治郎の2人が医師だったのか。

しかし、私が天風の講演を聴いた範囲では兄1人だけが医師として登場している。弟は登場していない。天風は結核に苦しんでおり、その苦しみを北里に伝えようとするが北里になかなか分かってもらえないもどかしさから「自分が医学を研究するのが最も近道だと思う」と北里に言うと「あんたは軍事探偵をしていた。軍事探偵をしたほどの人間は非常に敏感だから医師には向かない」と言われた。

しかし天風は、「兄貴より俺のほうが頭がいいものだから俺が医者になると兄貴がへこまされ、それでは北里の面目《めんぼく》が立たないので、医者になるのに反対をするのだな?」云々の件《くだり》で兄が医師であることを語っている。

ここでは決して弟は出てこない。

弟の祐雄は、浦路耕之助（筆名）の名前で天風の満州での活躍を「或る特務機関の話、世界密偵秘話」と題し、1931（昭和6）年博文館から出版している。

祐雄は天風より20歳年下の1896（明治29）年生まれである。そのとき、父祐興は67歳である。67歳の子供というのも少々疑問が残る。

松原一枝氏の著書の中に「弟だけが父と一緒に食事をしていた」という記事があるが、弟2人は、天風が最初に清国に行ったあとに生まれており、弟が父祐興と一緒に食事をしているのを羨《うらや》ましく見たということは現実には起こり得ないことである。

弟の食事が本当なら、天風が子供時代（明治15年〜明治23年）に見た弟は誰なのか？　弟ではなく兄（本当は弟になる）の豊治郎、または光次郎であろう。弟ではなく妹、ミネ、カメではなかったのか？

三女カメの子供に、九大教授で経済学者として著名な向坂逸郎（さきさか・いつろう　1897－1985）がいる。

祐興に天風を預けた理由？

祐興は戸籍では中村千代子の嫁いだ西田（中村）一甫の長男となっている（西田一甫は中村家の養子になる）。

立花鑑寛（あきとも）は中村祐興に天風を預けた。

なぜ鑑寛は祐興に天風を預けたのか。

祐興の母が立花家と深い関わりがあり、かつまた祐興も鑑賢（あきかた）の子供であることを鑑寛も知っていた。

また、明治の新政府に諸藩から優秀な人材を差し出すよう布令が出たとき、柳川藩では17名を推薦《すいせん》した、その中の1人に中村祐興が入っていた。当然、鑑寛は祐興の名前を知っていた。知っているどころか有能な者として本人が推薦していたのである。祐興を認めていたのである。

そして1880（明治13）年、息子の寛治（ともはる）が産ませた子供の扱いに困った鑑寛の頭に浮かんだのが祐興だったのである。不義の子供と言っても立花家14代寛治の子供である。事があれば再び立花家に呼び戻すことも有り得ることを考えると、それ相応の家に出さなければならないと考えるのは当然である。

祐興は立花家に少なからず縁がある。祐興は優秀である。祐興は東京にいた。鑑寛も東京にいた。祐興には妻がいない。

そういう条件に合致したので祐興が選ばれたというのが真相であろう。

幼名「中村三午源の光興」

天風は自分の幼名は「中村三午源の光興」だと講演の中で何度も言っている。それも立花家の屋敷にいたときの話の中でである。

しかし爺・鑑寛（あきとも）のいる環境の中で「中村」が出てくるはずがない。しかるに「三午源の光興」の頭にわざわざ「中村」と言っている。「中村」は鑑寛の屋敷を出たあと、中村姓の中村祐興に引き取られてからの姓である。天風が幼名までも「中村」と言ったのは天風一流の、話の流れの中での創作、または思い違いであろう。

また、祐興自身も天風を大名の子として認めており（あるテープでは天風と並んで歩いている描写の中で「世が世ならば云々」と天風の身の上を祐興が話すのを紹介している）世が世ならそれなりの地位にいるはずなので、その誇りを失わないために、幼名の「三午源の光興」の上に「中村」をつけて、「お前は本当は『中村三午源の光興』なんだぞ」と祐興が三郎少年に言い聞かせていたのだろう。

祐興の苗字《みょうじ》が中村であることは、中村祐興の項で述べたとおりである。

では、なぜ「三郎」という名前に、いつ？　なぜ？　変わったのか。

天風自身が語ったことはない。

実は、「三郎」は祐興に引き取られてから付けられた名前である。

祐興の三男になったから三郎なのか、幼名の「三午」の三を活かして三郎としたのだろうか。不明である。

「鑑寛」を「かんとく」と言い続けた天風

天風は、なぜ「鑑寛・あきとも」を「かんとく」（鑑徳・あきのり）と言っていたのか？

天風の出生、実の父親探しに混乱をもたらしている最大の原因は天風が「鑑寛あきとも」を「かんとく、かんとく」と言っているからである。

今まで見てきたように、爺は「鑑寛あきとも」である。決して「かんとく」とは読めない「鑑寛」である。

「あきとも」をなぜ自分よりもはるか年下の「かんとく鑑徳（あきのり）」と言ったのか、言い続けたのか。

鑑徳（あきのり）は寛治（ともはる）の第二子であり1884（明治17）年生まれである。

天風が屋敷を離れてから数年経って生まれているのである。「あきとも」という語と「かんとく」という語は間違えようのない言葉である。それを講演の中で何度も何度も、1度や2度ではなく何度も「かんとく」と言うのである。

しかも終生、「かんとく、かんとく」と言い続けていた。

「私の爺は初代伯爵立花鑑徳（かんとく）であります」と。

決して「あきとも」と言わず、「かんとく、かんとく」と言わせた背景は何か？　何かあるのか？　それとも深い意味はなくただ単に天風が間違えていたのか。いろいろな憶測が成り立つが、ここは深い意味はなくただ単にそう思いこんでいた、間違えていたと解釈するほうが自然のようである。

屋敷にいたとき、天風は幼く、爺を「じい」とだけ呼んでいて、自らは1度も「鑑寛・あきとも」という言葉を発していなかったことは想像に難くない。周囲も「あきともこう」とは言わず「お殿様・おとのさま」と呼んでいた（参照　前記「天風は大名の子供？」）。

しかし、どこかで立花家の歴史を知った天風は、鑑寛より鑑徳のほうが耳触《みみざわ》りが良い、覚えやすい単語として脳裏に刻まれてしまった。それも「あきのり」と読まず、「かんとく」と読んでいたので「かんとく」が強く頭に残ったのではないか。天風にしてみれば「あきのり鑑徳」であろうと「あきとも鑑寛」であろうと大した問題ではなかったのだと思う。

「じい」「おとのさま」だけが幼い耳に残り、それで数十年経ったあと、往時を振り返って立花鑑寛、「じい」を語るときに、ついつい「あきとも」と語るところを「かんとく」と言ってしまったのではないのか。

また、出生を明らかにしたくない思いと、明らかにしたくともできないという思いがあったので、屋敷時代のことをなるべくはぐらかしながら語ったからではないだろうか。

幼年〜小学生時代

生まれてすぐに前歯が2本生えていた。生まれたときに歯が生えているのは「鬼っ子」と言われていた。心配した母親が高島嘉右衛門（たかしま・かえもん1832-1914）に易《えき》を診《み》てもらうと「悪くすると石川五右衛門より悪くなる」と言われた。

親はあまりの悪童ぶりに手を焼く。

天風自身の口から、その悪童ぶりがしばしば語られている。

たとえば、ケンカ相手の耳を引きちぎってしまったとか、蛇《へび》の口を掴《つか》んで左右に引きちぎった話などがある。

6歳のとき、洗礼をうけた（神戸講習会テープ）。

小学生のとき、弁論大会で優勝したと語っている。

祐興（すけおき）は後年、天風が結核で苦しんでいるとき、キリスト教の牧師、海老名弾正（えびな・だんじょう1856-1937）を天風に引き合わせている。祐興が熱心なキリスト教徒であったから、天風にも洗礼をうけさせたのであろう。

再度繰り返すが、天風は1880(明治13)年9月湯島小学校に入学した。

湯島小学校は東京における小学校では最も古い小学校の1つである。

1870(明治3)年、東京に6つ小学校が設立されたが、その1つである。

幼少期に王子に住んでいたという説があるが、幼少期に王子には居住していない。

講演内(中村天風講演録「心身統一法入門編」第5巻神経反射の調節法1-6,7)では、日露戦争から戻ったあとに本郷森川町から王子の飛鳥山(渋沢栄一の屋敷の隣)に移ったと語っている。飛鳥山というのは国立印刷局滝野川工場の近くである。現在では、京浜東北線の上中里駅が最も近いか。

そして小学校は文京区の湯島にある。もし通説のとおり住居が王子だとすると、直線距離でも6㎞以上ある。そこまで通ったのか? とても小学生が通える距離ではない。

人力車で通っていたならありえるかもしれないが、それはないであろう。そこで王子に住んでいたとする説は成り立たない。

小学校時代は本郷森川町に住んでいたのである。

飛鳥山は後年、日露戦争後の住居である。

1880(明治13)年には東京府に公立小学校が71校に増えている。

天風は本郷森川町に住んでおり、本郷森川町なら湯島小学校は目と鼻の先である。

幼少期は本郷と王子の父の職場、父の住居を往き来していたのではないだろうか。

なぜなら、王子には英国人夫妻がおり、天風はその夫妻の家に度々出入りしていたという話が残されているからである。それは英語がかなり話せるようになるほどの出入りであった。

そこで住まいは王子というよりは本郷だったと推測できる。

そして小学校は本郷から通っていた。

小学校時代のほとんどは本郷で過ごし、時折、王子に遊びに来ていたのであろう。

１８８８（明治21）年４月　本郷湯島小学校卒業。天風満14歳。これは湯島小学校卒業生名簿に名前が有る。

名簿には、在学年数　七年七ヶ月　福岡県士族とある。

尋常小学校、高等小学校の卒業である。

尋常小学校４年、高等小学校４年、併せて８年という規則が１８８５（明治18）年小学校令にて決められたが、七年七ヶ月在籍したので、移行期ということで８年に満たないが四捨五入して卒業になったのであろう。

1882（明治15）年8歳の天風は、御徒町の今泉八郎の道場に通い、剣と儒学を学ぶ。

ここでの剣の修行が、のちの満州での活躍につながる。

福岡県柳川の伝習館入学

両親と別れ福岡県に行く。東京の中学ではなく福岡県の学校を選ぶ。

悪童ぶりに手を焼いた両親の策である。

1888（明治21）年、福岡県柳川の私立尋常中学伝習館に入学。

天風に関する記録で、伝習館について記載のある本は1つもない。

しかし、1964（昭和39）年10月30日東京の真理瞑想輔成行修会、人生厳戒事項の中で天風は「2回目の退学は修猷館である」と述べている。

2回目が修猷館ならば1回目があるはずである。

また、天風は1965年・1966年8月23？ 29日？ 日（信念の誦句の真理瞑想）の講演の中で次のように述べている。

御前（昭和天皇）講演をするにあたって「履歴書を出せと言ってきたので」という件で「まともに卒業したのは小学校だけ。あとは退学と放校を3回食らった。修猷館と学習院と『でんしゅうかん』そんなことを学歴に書けるかいな。履歴書を出せと言うのならいやなこった。御前講演なんかしない」と。

退学は修猷館と学習院であることははっきりしている。

そうなると講演内の「でんしゅうかん」はどこの学校なのか。

「でんしゅうかん」は柳川の旧藩校の「伝習館」、現在の県立福岡伝習館高校である。

1824（文政4）年、柳川藩校として誕生している。

しかし、明治の廃藩置県で藩校伝習館は廃止されたが、天風の父親である寛治（ともはる）が資金援助をし、立花家の運営管理の下、私立尋常中学伝習館と改称され、その後1899（明治32）年、県に移管されて福岡県立中学伝習館となる。

その柳川の旧藩校・伝習館に育ての親である祐興（すけおき）が天風を入学させたとしてもまったくおかしくない。おかしくないどころか福岡の修猷館よりも真っ先に天風を送り込むのにふさわしい学校である。

柳川は祐興の故郷でもあり、立花家のあるところでもある。

その伝習館にきわめて短期間在籍して放校（学校から追い出すこと）になった。

放校になった原因はどこかのテープで語られていたが、思い出せない。

退学でなく放校というところが天風らしいところである。

伝習館に1年いたということは修猷館での学年を計算するのにまことに都合が良い。なぜなら小学校を卒業してその年の1888（明治21）年9月に修猷館に入学したとすると、天風の修猷館での学年がことごとく1年ずれてしまうのである。しかしどの本にも「東京の小学校を卒業するとすぐに修猷館に入った」と書いてある。

私は1年間、どこかで、学校に行かずに、過ごしていたと推理していた。

そして、伝習館にわずかでも在籍したとなると、私の推理と多くの本に書かれている修猷館での1年の学年のずれが、ことごとく解決するのである。

修猷館時代の大きな事件

伝修館を放校になり修猷館入学までの期間は不明、また何をしていたかも不明である。

1889（明治22）年9月福岡県立修猷館入学？（伝修館を放校になった直後に修猷館に編入したこともありうるだろう。そうなると1888・明治21年となるが……それはないとして話を進めることとする）、天風15歳である。

同年7月9日、卒業式（修猷館200年史）とあるから、おそらく9月に入学したであろう。

すべての天風関係の本は「小学校卒業後、すぐに修猷館に通った」と書いてあるが、上記の理由で間違いである。立花家と縁の深い伝習館に入学させたが、何か事件というより悪さを起こし放校になり、やむなく修猷館に移ったのであろう。

どこかのテープにチラッと原因（教室内で放尿？）が述べられていたように記憶しているが、どのテープかまだ探せていない。

1889（明治22）年3月、福岡県立尋常中学修猷館と改称。五カ年修業とし学年は9月1日に始まり翌年7月31日までとすると記述されている。

修猷館では、忘れてはならない大きな事件が2つある。

1つは、1891（明治24）年3月24日（火）の「修猷館投石事件」である。営倉に入れられる。中学2年生だった（「志るべ」№28 P.31　中村至道著）。

この日時は修猷館史に記載されている正確な歴史的事実である。

しかし残念なことに修猷館史には中村三郎（天風）の名前は記されていない。

これは修猷館（当時は福岡市大名町の堀端にあった）の脇を通った第24聯隊の兵隊が軍旗を奉持して通っていたところに何者かが校内より瓦（石？「成功の実現」P.253）を投げた。

名乗り出る者がいないので、天風が「私がやりました」と名乗り出た事件である。「志るべ」（No.28 P.31）にも中学2年とある。これが最も古い？　記事ではないだろうか。

中学2年というのは前々年1889（明治22）年9月入学を示すものでもある。1890（明治23）年9月、中学2年となるから1891（明治24）3月は中学2年生である。

これから見ても湯島小学校を卒業後、1年の空白を生じている。

この空白を埋めるのが先の伝習館である。

さて、天風自身は16歳と、講演の中で述べている（「成功の実現」P.253）。

これは1876（明治9）年7月生まれとして、数えならば1891（明治24）、15歳8ヶ月、四捨五入して16歳。16歳と天風自身が述べてもおかしくない、辻褄《つじつま》が合う数字である。これは天風自身も自分は1876（明治9）年生まれだと思っていたことを表わす言葉である。

「頭山満が手を回して営倉から出した」と自ら語っているテープ（講習会3日目・神経反射の調節法））もあるが、話の成り行きでそういう風に語ってしまったのであろう。

頭山満が手を回して営巣から救い出したということはない。

もう1つは、「殺傷事件」である。

天風は柔道場の明道館（玄洋社経営。玄洋社前にある）に通っていた。事件は、1892（明治25）年3月。天風中学3年生、満17歳。天風自身は16歳と語っている（「成功の実現」P.257）が、これは間違いである。

春休みに熊本の中学（済済校）と柔道の試合があった。修猷館高校が勝ったが、試合の恨みに伴う殺傷事件に巻き込まれ相手を死亡させてしまった。正当防衛が認められたが、この事件で修猷館を退学となる。

退学は「春休みに試合」とあるから3月であろう。「ヨーガの里に生きる」（P.54）には3月末とある。この本に事件の内容が詳しく書かれているのでここは省く。

「修猷館に2年半在籍した」ことは、英語力を理解する上で重要である。当時の修猷館は「国語以外はすべて英語で授業していた」ので、この間に英語力が大きく進歩したと思われる。

余談であるが、私が北海道大学医学部教養課程に在籍していたとき（1964年）、高齢の教授が担当していた数学の授業は英語が使われていた。数学なのに試験問題も英語で出題された。え？　数学なのになんで英語？　と思ったものである。そこで数学の試験は英語の辞書の持ち込みは許されていた。明治大正の面影が残っていたのかもしれない。

1966（昭和41）年8月28日（信念の誦句の真理瞑想）の中で「中学は2年しか通っていない」と語っている。この言葉どおりとすると、「修猷館に2年半在籍した」とする上記の推理は合っている。中学3年生の半ばで事件を起こし退学となった事実と一致する。

参考　1889（明治22）年9月〜1890（明治23）年7月　中学1年
1890（明治23）年9月〜1891（明治24）年7月　中学2年
1891（明治24）年9月〜1892（明治25）年7月　中学3年

恩師・頭山満との出会い

1892（明治25）年3月または4月頃、生涯の師、頭山満（とうやま・みつる1855年5月27日–1944年10月5日）に出会う。そして頭山の率いる政治結社「玄洋社」に入る。

頭山満を紹介したのは祐興の義兄（妻の兄）にあたる当時農商務省の次官をしていた前田正名（まえだ・まさな1850年4月23日–1921年8月11日）である（「成功の実現」P.

257)。前田正名はまた祐興とも友人関係にある。
「天風が東京を離れて九州に来たときすぐに頭山家に入った」と書かれている本があるが間違いである。天風は修猷館を退学後に頭山満と初めて会っているのである(「成功の実現」P.257他テープ)。

頭山満との出会いは様々な講演に出てくる。そして様々な時期がある。天風自身が間違えて話をしているものもある。

たとえば天風自身の講演(1964・昭和39年10月30日真理瞑想輔成行修会「人生厳戒事項」、別のテープ講習会3日目)の中で、「修猷館投石事件をなだめたのが頭山満であり、この投石事件で退学となって頭山に預けられた」と語っている。これでは、熊本済済校との柔道の試合はなくなってしまう。

このように、天風の話だから正しいということはない。

繰り返すが頭山満との出会いは、刃物による殺傷事件後である。

付け足しであるが「中村天風　活きて生きた男」(P.48)に、「そげんとこのごわすか?」などと九州弁で天風が頭山に答えているが、天風が九州弁を使ったかは大いに疑問である。天風の講演で、私は1度も九州弁を聴いたことはない。いつも歯切れの良い江戸弁であった。

1892(明治25)年春(5月前後)。満17歳または18歳。(天風は「16歳から日本を離れて」と語っている。1876・明治9年生まれと思っているからである)

河野金吉(陸軍中佐)について清国へ行く。これは、「どんなに暴れても、人を殺しても咎《とが》められない仕事があるから」と頭山満に言われたからである。

大連から遼東半島に潜入。金州城、九連城を偵察(諜報活動)する。

1893(明治26)年、1年で戻る。

しかし、1964(昭和39)年10月30日の真理瞑想輔成行修会の中で、「16で日本を離れ20(はたち)で無事に戻った」と話している。

16なら1892(明治25)年である。20歳は1896(明治29)年である。

そうすると学習院入学は、帰国後の1896(明治29)年となる。

2年間通学(1965・昭和40年京都修練会　座右箴言)するも教師に反抗し退学となる。

学生にあるまじき行為をしたというので「諭旨(ゆうし)退学」となったと天風は語っている。

長いこと「ゆうし退学とは何か？」と思っていたが、この際調べてみたら下記のとおりである。

【諭旨】

諭旨退学。学校が当該生徒に理由を説明した上で強制的に学校をやめてもらうこと。目上の者が目下の者に事の趣や理由などを説いて知らせる事。言い聞かせる事。ここから、諭旨解雇処分という言葉ができた。使い物にならない、大きな失敗をした等の理由で、社員を半ば強制的に仕事をやめさせることを表す。これを拒否すると「懲戒解雇」という、さらに扱いの酷い解雇処分が下る。諭旨退学は、これが会社ではなく学校で発生したとする、かなり重い処分である。よほどの重大事でないかぎり行われることはない。

学習院の友人に岩崎康弥（いわさき・こうや１８８２－１９６０）がいる。康弥は、岩崎弥太郎の三男で庶子《しょし》（夫婦でない男女間に生まれ、父親が認知した子）である。

岩崎家を訪問した天風は箪笥《たんす》の中の宝石に驚いたという記事が残っている（１９６２・昭和37年京都真理瞑想輔成行修会「志るべ」No.14，1，P.20。岩崎久弥とあるが間違い。久弥は学習院ではなく慶応である）。

学習院を退学した天風は、東京神田の順天求合社に通う（「図説　中村天風」P.29）。順天求合社は1894（明治27）年に尋常中学順天求合社を設置している。水道橋、研数学館のところにあった。

中学校の放校が3度あったという話の中で語っているので、中学部には入ったと思われる。しかし中学は伝習館、修猷館、学習院の3つと自ら語っているテープもある。学習院は教室で小便したので2日で放校になったと語っている。伝習館、修猷館、そして学習院でも中学部を卒業できなかったので、なんとかして中学校だけは出ておきたいと思ったのであろう。

しかし順天求合社の中学部を卒業した話はどこにも出てこない。中学ではなく単に順天求合社に入っただけとも考えられるが、順天求合社には中学校があるので、ここは順天求合社中学に入学したというのが自然であろう。

この順天求合社は測量や様々な学科を持っていた。以後の諜報活動の基礎を学んだとも考えられる。

順天求合社は2日で退学となった。「教室で小便をしたから」というテープもある（講習会3日目・昭和39年頃？　神経反射の調節法。このテープはいくつかの間違いがある。投石事件が退学のきっかけになった等）。しかし、順天求合社を卒業したという話はどこにもないので、ここも退学になったのではないか。

そうではないなら、これほどはっきりと退学とは言わないのではないか。学習院を２日で退学になったとは思えない。岩崎康弥氏と仲良くしている話があるので、２日で退学になったなら岩崎氏との交友は生まれなかったのではないか。

この頃、祐興は依願免官し郷里の福岡に移住している。

退学になったのが３度というのはあちこちの話に出てくる。２０１１年８月号の「志るべ」（P.13）、昭和42年京都公開講習会にも出てくる話である。

天風の歴史の中で明治27年～明治35年の10年間はほとんど空白である。どこで何をしていたのか。

（1）その一部は東京にいて玄洋社と共に活動していたと思われる。

「盛大な人生」（P.３１０）には頭山満、孫逸仙の関係が述べられている。

天風22、23歳の頃、孫逸仙（孫文）に会っている。天風22、23歳の頃とは明治30年前後である（「気の確立」藤平光一著P.１１６）。

（2）白虎隊の形成に関わる。白虎隊とは何か。

「東京に2万人いて隊員は白い袴《はかま》をはいていた。そして10銭／月の会費。暴力団みたいなもの」と天風は語っている（1965・昭和40年10月30日「人生観」東京真理瞑想補正行修会）。

「その副領袖（りょうしゅ）までしていた」（1967・昭和42年京都夏期修練会　大偈の辞）。

（3）1902（明治35）年、参謀本部諜報部員に採用される。

天風は陸軍大学で1年間訓練を受けた。この諜報部員の訓練は壮絶なものである。青竹で首を絞められたまま、道場を引きずり回されたりする訓練や、高い建物の屋根に上り、軒先《のきさき》すれすれのところを歩かされるなど過酷をきわめた訓練である。この件《くだり》はまさに天風の面目躍如《めんもくやくじょ》たるものがある（「成功の実現」P.249。おおいみつる著「戦場と瞑想」に詳細あり）。

結婚したのはいつか？

1901（明治34）年、ヨシと結婚。天風27歳、ヨシ17歳。

ヨシは、福岡久留米出身。1884（明治17）年－1962（昭和37）年（享年78）。

1901（明治34）年の根拠は次のとおりである。

「ちょうど亡くなりまして5年、61年間夫婦でありました」（「成功の実現」P.267）とある。

ヨシの死亡は1962（昭和37）年であるから、61年間夫婦であるならば1901（明治34）年に結婚したこととなる。

神経反射の調節法の講演（講習会4日目・年代不詳）の中で「62年連れ添った」と述べている。62年なら結婚は1900（明治33）年である。

中村天風財団の「図説 中村天風」（P.34）には「1903（明治36）年」と載っているが天風は前年の明治35年12月に中国に向けて出発している。1人遅れて天風だけが明治36年に出発したとは考えにくい。1902（明治35）年もおかしい。結婚と同時に軍事探偵として大陸に赴く男と結婚するだろうか。

1901（明治34）年に結婚しているはずだが、1904（明治37）年3月21日、死刑当日、コサック騎兵隊長と食事を共にした際、隊長が「恋人はいないのか」と聞いたのに対して「ない！ 命がけの仕事している人間に恋人なんかあるわけがない」と言い切っている。天風一流のはったりかもしれないが、これもかなり頷《うなず》ける話である。

そうすると、日露戦争終結の1905（明治38）年6月〜渡米の1908（明治41）年3月までの間かもしれない。しかし、これも天風が結核を患《わずら》っている期間であることを思うと、ありえないと考えるほうが正しいか。

帰国から喀血《かっけつ》までのわずかな期間、結核を患っている期間であっても、教会などに外出している。また、渡米もしている。滞米中、結核に苦しんだ話はないし、また渡米中に娘が誕生もしていることを思うと、必ずしも結婚できない話でもない。

1908（明治41）年と言っても1月〜3月では渡米直前過ぎるから、あっても1907（明治40）年12月まででであろう。天風の講演の中に妻ヨシが登場してくるのは天風が辻説法を始める直前の1918（大正7）年か1919（大正8）年であるからなかなか推測が難しい。

やはり、ここは「結婚後61年であります」「62年であります」という天風の言葉どおりに推測しよう。

「図説　中村天風」（P.36）にも疑問が残る。天風33歳当時の写真として親子3人の写真があるが、33歳（1876・明治9年生まれとして）なら1909（明治42）年である。

しかし、この年はアメリカにいたはずであるから親子3人で写真を撮れる環境にはない。また、鶴子も赤子でなく5歳前後であろうから1909（明治42）年頃であるはずがない。

おそらく日本に帰国したあと、１９１３（大正２）年以降の写真である。

長女鶴子の誕生

鶴子の誕生をいつとするか？

鶴子の誕生は渡米中、即ち１９０８（明治41）年４月16日であろう。

その根拠は次のとおりである。

死亡は２００６年３月18日である。１００歳であったと言われている。１９０８（明治41）年４月生まれでも98歳11ヶ月で数えならばほぼ１００歳である。ある本には「１９０５（明治38）年４月16日」となっている。

１９０５（明治38）年生まれならば１９０４（明治37）年に天風は中国より一時帰国していなければならない。

しかしそんなことはありえない。１９０４（明治37）年はコサック兵につかまり銃殺刑に処せられる、天風の歴史にとって一大事が起こっている年である。１９０５（明治38）年生まれはありえない年代であるから間違いである。

「心に成功の炎を」（P.３７０）には「顔は見てませんけれども、私が戦に出る前に家内が身ごもっておりました」とある。これはどういう意味か。これは「戦」という言葉が間違っているのであって、本来は「渡米」という言葉だと思われる。

「戦」という言葉を文字どおり日露戦争ととると満州に行く前に身ごもっていることになる。もしそうならば軍事探偵から帰国した時期に会っているはずである。日露戦争が終わって日本に帰国して、再びアメリカに出国するまでに少なくとも半年から1年はあったのに、初めて生まれた子供の顔を見てないということはありえない。

またある講演（1964・昭和39年8月24日夏期修練会）では、「インドで瞑想中にまだ見ぬ娘を想っていてカリアッパ先生（後述。インドの項）に叱《しか》られた。娘が生まれたことは知っていましたがまだ顔を見てない」と述べている。これが真実であろう。まだ見ぬのであるから1908（明治41）年、渡米中の誕生である。

軍事探偵として豪胆だった天風

（1）1902（明治35）年12月5日、東京から任地に出発。

12月5日ではなく12月9日と書いてある本もある（「中村天風先生　人生を語る」P.206）。「中村至道『志るべ』（No.28 P.32）」には10月2日とある（1902・明治35年10月2日〜

1906・明治39年3月まで)。

天風に関する最も古い文献である大正時代の「愛犬趣味五題」(P.249)に12月5日とあるので、12月5日、これが正しいと思う。総勢113名だった。

天風は、呼称番号百参番、藤村義雄の名前で軍事探偵として大陸に渡った(「盛大な人生」P.226、明治35年。「志るべ」№40。P.22、明治36年。「君に成功を贈る」P.51、明治35年12月)。

「最新犬の飼育と訓練法」(昭和15、6年頃発行。国会図書館蔵。P.247)には明治35年12月5日、日本出発。一番先に奉天に行き、次に汽車で3時間の新民屯に3ヶ月、その後コロンバイルに行ったとある。この記事が天風の最も古い記事だろう。そして記憶の確かな時期でもあるので信憑性《しんぴょうせい》が高い記事である。

その後、1903(明治36)年ハルピン方面に潜入。

「最初の斬り合い」も天風の史実の中で重要な位置を持つが、間違いが間違いのまま一人歩きしている。

「図説　中村天風」(P.30)「中村天風　活きて生きた男」(P.58)「戦場と瞑想」(P.28)などに「最初の斬り合いに直新陰流《じきしんかげりゅう》の剣士がいた」と書いてあるが間違いである。

「成功の実現」(P.169)が事実を述べている。

直新陰流の剣士（近藤）が派遣されてきたのは天風が何度も斬り合いを経験したあとのことである。近藤が加わった斬り合いのときに「爺《じい》」とのやりとりを思い出したように書かれているが、「爺」とのやりとり（「天風は大名の子供？」の項参照）を思い出したのは、天風が初めて斬り合いをしたときである。

これは講習会第3日目観念要素の更改の項で、小さな頃、子供の心に焼き付いたことがいかに大切かという話の中で何度も出てくる話である。こういう間違いがそのまま放置されて固定化されているのが気になるのである。

「私が初めて満州で真剣の勝負をしたのは18歳のときであります」と述べている（「成功の実現」P.113）。これは間違いである。

天風自身、他の講演の中でしばしばこの最初の斬り合いの話をしている。それは満州で馬賊との斬り合いである。しかも従者の橋爪も同行している。

最初の鞄《かばん》持ちで行ったのは満州ではない。しかも18歳の少年に従者はつかない。満州の馬賊との話の中、しかも従者橋爪が登場してくるのが常であるから「成功の実現」（P.113）は、天風の思い違いである。

このように、天風自身も講演の中で、事実と異なることを語っている。また、多くの間違いが、間違いのままそのままにされ、各種のいわゆる天風本にそのまま掲載されている。ここが気になり、正確な天風史を作っている理由である。

天風が最初に斬り合いに臨んだ場面を自身が講演内で語っている箇所を紹介してみよう（「天風は大名の子供？」項の続き）。

「それがね、初めて満州で馬賊に会った時なんです。何しろ物々しい出で立ちですからね、その時分の馬賊は、今みたいにラッパズボンでもっておかんぼうなんぞをかぶってピストルなんぞ出しゃしないですから。こりゃ刃と刃の間が5寸ぐらいあって長さが三尺五寸ぐらいある青龍刀。柄がまた三尺五寸ぐらいあって。それをブルーンブルーンと回すてーとねプロペラが回るような、このー風切った音が、それにまた慣れていやがるからさ。実にそのそりゃ巧みに回すんですよ。そおするとこっちは仕込み杖の一尺八寸の、備前長船ではありましたが仕込み杖でしょ。刃の幅がせいぜい一寸ぐらいで長さが一尺八寸で、ねー、ひょろひょろっとして見えますがな、日本刀が。

これがぶーんぶーんと回しやがってね、デモンストレーションが非常にそりゃ華やかですから。そうして八人が、くるっと回りを取り巻いて。

私ね、満州名物の、あのクヌギの大きな木のとこに寄っかかって、で、もう一人、私の従者で橋爪ってやつが脇で、これもまた抜いてるんで。

生まれて初めて命の取り合いだろ。初めての話なんだよこりゃ。なんだかしらねーけどみょうになってきたんだよ。なんともいえないんだよ。ね、形容できませんよ、そんときの気持ちは。自分が立っているんだか立ってねんだか。どうしてんだかなんだかちっともわかんない。ブーンブーンというたんびにね。そん時、ひょいと爺の顔がでたん。

『三斗、額の傷を見ろ、天草の騒動の時に男に誉れのあるむこう傷じゃ、真剣勝負は度胸だぞ』と言われた時、はーっと思っちゃったんだい。それをぱあっと思い出した同時にぴゃーっと獅子奮迅《ししふんじん》、切って切って切りまくっちゃたんだ。

ところが満州に行った人はご承知のとおり、血を見るてーと彼らは弱いですからね。そうしてまた派手ですからなーこの、刀から切られた時に出る血はねー。ぱーっと切るとぱーっと出るでしょ。そうすると二、三人切っちまうてーとみんなそりゃもう蜘蛛《くも》の子を散らすように逃げちまいやがった。そういう経験をうけてからそれからもう私はもうなんじっぺん真剣勝負をしたかわかりませんぜ。

度胸一つですなぁ。その度胸てやつが非常に大事なんだけど、そりゃ、その度胸てものが、私のは爺からこしらえられたん。

だからあなた方が子供を育てる時にもそれを本当に考えなきゃいけないんだが今のおっかさんなんてのはそりゃもう親ばかチャンリン、そば屋の風鈴………」

（２）１９０４（明治37）年２月上旬、北蒙古にいた。遼陽に近い新民屯。

（３）１９０４（明治37）年２月17日、ズンガリーのアエアリーの鉄橋を破壊に出発した。とくに想い出深い出来事だとして述べている（「犬の飼育と訓練法」P.２４９。大正末期。国会図書館）。

（４）１９０４（明治37）年３月？　ハルピン郊外クートンでコザック騎兵に捕まる。何日間か牢屋生活。夜、長い棒でつっつきやがって寝かせてくれなかったという。何日間か牢屋にいたというからコザック騎兵に捕まったのは２月か３月であろう。

１９０４（明治37）年３月20日（日）。

「お前明日死ぬんだぞ」と牢番に言われる。

「寝るのと死ぬのとは違うわい。たのむから寝かせてくれよ」

そうしてぐっすり寝てやった、と天風は語っていた。

１９０４（明治37）年３月21日（月）。

朝５時、死刑の宣告を受ける。

7時、刑場に引き出される。刑場はクリケットのグラウンド。コサック兵の中尉、射手3人、蒙古人の通訳1人、計5人。中尉が新しいハンカチを通訳に渡し、天風に目隠しの温情をくれたが、「いらねーそんなもの」と断わる。

「間違いなく乳と乳の間を撃《う》て。おれは弾が飛んでくるのを見届けて死ぬのだ」と言ってやった。

射手と天風の距離は50m。外したら解放されるのが習わしだが50mは目をつぶったって外す距離ではない。天風は支那人のクーリーの服を着て、長い棒にくくられていた。真理瞑想勇気の誦句（年代不詳）に詳しく述べられている。

8時40分、救い出される。

これは銃殺刑に処せられるまさにその瞬間、部下の橋爪が刑場に手榴弾《てりゅうだん》を投げいれ、その混乱に乗じて逃げだし、間一髪救い出されたのである。

「1904（明治37）年3月21日午前8時40分」という記述は、残された公式文書にはないが、99%正しいと思って間違いないだろう。なぜなら、この数字は天風の講演の中で何度も出てくるが、いつも同じで1度たりとも間違っていないからである。天風の脳裏にはっきりと刻み込まれた年月日時刻である。

そこで、これは天風の歴史の中で年月日の分かっている3つの事実として使用しても構わないと思うのである。

日時どころか時刻まで分かっている天風の史実である。
（5）天風の満州での足跡は、三郎の実弟、祐雄（筆名・浦路耕之助）が「世界密偵秘話・ある特務機関の話」（博文館発行1931年）として書いている。これは国立国会図書館サーチとしてネットで確認できる。
これを劇作家、竹田敏彦が脚色し「満州秘文」と題して、1932（昭和7）年5月、劇団新国劇により京都南座で上演。東京、大阪でも上演された。

中村探偵役は島田正吾であった。
（6）特務機関中の様々な話は講演の中でしばしば話されている。
①万里の長城から飛び降り、20日間？　人事不省だったこと（1964・昭和39年10月31日東京真理瞑想輔成行修会　死生観）。
②タバコの火で導火線に火をつけ鉄橋爆破の任務に当たったとき、周りの者が「危ないから早く戻れ戻れ！」の声を無視して、その導火線の火が確実に鉄橋を爆破する寸前まで見

ていたという。周りの者はその豪胆《ごうたん》さに呆《あき》れたと言うが、「この作業は導火線が途中で火が消え、作戦が失敗することが度々あるので、最後まで見ていたんだ」と笑いながら話していた。

③敵が円卓会議をしている間中、その円卓の下で身を潜《ひそ》めていた話はスパイものの映画そのものである。「俺が身を潜めているのも知らず喋《しゃべ》ってやがる、痛快でしたね」と言い放っていた。

④弾薬を満載した貨物列車で移動した話。これも痛快そのものの話である。あるところへ情報を届けに行かなくてはならないが徒歩では遠すぎる。そこで警備の厳しい弾薬輸送の貨物列車に潜《もぐ》り込んだ。弾薬を積んだ列車と列車の隙間に潜り込んだのではない。満載している弾薬の中に潜り込んだのである。何かの拍子に爆発したらすぐさま一巻の終わりというのに平然と潜り込んだというのである（1956・昭和31年2月関西講演心身統一法入門CD神経反射のの調節法）など、テープやCDにたくさん残されている。

⑤1905（明治38）年5月28日東郷元帥、バルチック艦隊を破る。日露戦争終結。

⑥1906（明治39）年2月11日中国各地に放たれた諜報員が大連に集結。

しかし派遣113名中、最初に集まったのはわずか6名。あとになって駆けつけた者が

3名、結局9名。残りの104名がどこでどうして死んだのか、いっさい記録はないという。

帰還者9名というまさに命がけの任務であった。この9名の1人に天風もなったのである。

戦後、将軍連中は伯爵、子爵、男爵をもらう。しかし軍事探偵は一時資金を与えられて解散であった。

ところが天は何を思ったのか、天風に肺結核を与えたのである。それも奔馬性（ほんませい）肺結核だったと言う。「馬が駆けてくるほどの勢いのある激しい結核であった」と天風は語っている。

現在、この奔馬性肺結核という言葉は医学の教科書にはない。私は昭和10年代に書かれた医学書に掲載されていたのを1度だけ見たことがある。また私は国立結核療養所、民間の結核病棟に勤務したこともあるが、奔馬性肺結核という言葉は聞いたことはない。今でいう粟粒性《ぞくりゅうせい》肺結核のことだろうかとも思うが、それ以上に重症の肺結核であったと思われる。

帰国と喀血

帰国　１９０５（明治38）年６月～９月

喀血　１９０６（明治39）年３月

天風が何年に帰国したのか、何年に喀血《かっけつ》したのか、詳細な記録はない。不明である。それぞれを推理する必要がある。１９０６（明治39）年２月11日に特務機関は解散したと述べている（「志るべ」第３９８号P.26）。

しかし１９０５（明治38）年６月には戦争は終結しているし、10月には講和条約の批《ひ》准《じゅん》まであるのに翌年の２月まで特務機関だけ解散がないというのが不思議であったが、２０１１年12月25日のＮＨＫ大河ドラマ「坂の上の雲」の中で乃木将軍（のぎ・まれすけ１８４９－１９１２）が満州から帰ったのは１月だという放送があった。将軍が１月に帰ったのだから、特務機関が２月に正式に解散してもおかしくはないだろうと得心した。「志るべ」（No.28）の中で中村至道氏は「１９０６（明治39）年３月」と述べている。しかし、６月に戦争は終結しているのに、翌年２月までいるというのは合点のいかない話として私の長い間、解決しない難問であった。

では、いつ帰国したのか？

嬉しいことに、「都新聞の焼き討ち、米騒動、二・二六事件に先頭を切った」と述べているテープを見つけた（テープ「正義と青年」）。

「都新聞の焼き討ち」を調べてみると2回ある。

1905（明治38）年9月5日と1913（大正2）年2月であるが、1905（明治38）年とすると同年9月前に帰国していることになる。

1913（大正2）年2月は中国にいたのでありえない。

1905（明治38）年9月5日、これに参加するには特務機関解散（翌年2月）前に帰国していれば可能である。たしかに日露戦争は既に終結している。それなのに翌年の2月まで大陸にいるほうが不自然である。これは天風の言うとおり都新聞の焼き討ち参加に間に合い、しかも戦争が終了している1905（明治38）年6月～9月5日の間と推論してもさしつかえないだろう。大連の終結はその後、そのために再度中国に渡ったのだろう。

その後、朝鮮総督府の高等通訳官の任務に就く。

朝鮮総督府の高等通訳官の任務に就いた話の中で伊藤博文（いとう・ひろぶみ1841－1909）が出てくる。伊藤博文は父祐興（すけおき）の親友である。祐興の紹介で朝鮮総督府の高等通訳官の任務に就いたのだろう。

さてこれらを整理してみると次のようになる。

1905(明治38)年5月末または6月には日露戦争が終結した。日露講和条約批准は同年9月である(［文書名］ 日露講和條約 ［場所］ ポーツマス ［年月日］ 1905・明治38年9月5日)。

1906(明治39)年1月、乃木将軍帰国。

そして1906(明治39)年2月11日、軍事探偵の特別任務を正式に解かれる(「盛大な人生」P.226。「君に成功を贈る」P.53)。

伊藤博文は1905(明治38)年11月、韓国総監府初代統監に就任している。

1906(明治39)年陸軍から任命されて朝鮮総督府の高等通訳官の任務に就く。大尉であった(「心に成功の炎を」P.58)(新箴言注釈No.18最後尾)。

任務に就いたのは1906(明治39)年とは限らず、1905(明治38)年11月、12月かもしれない。伊藤博文の1905(明治38)年11月韓国総監府初代統監に就任すると同時期に天風も韓国に渡っていたのではないだろうか。それでも1906(明治39)年任務に就くと天風が述べているので1906(明治39)年1月として話を進めていく。

喀血は「任務に就いて3ヶ月目に大喀血をした」とあるがいつ頃なのか？

1906（明治39）年3月と考える。

喀血を3月頃と考えるのは、天風が自身の初めての喀血を語るテープの中でそれは「きわめてのんびりした気分になりえた、たった3ヶ月目だ」と述べているところから推論できる。軍事探偵の緊張から解放され、1月に朝鮮総督府の高等通訳官の任務に就き3ヶ月目に喀血したと考えると1906（明治39）年3月となる。

発病は3月。その後、帰国し、医師に診てもらうが、自分が感じていることを医師が正確に感じとってくれないことに歯がゆさを覚え、「自分の身体は自分が一番良く分かる」とばかりに医学の勉強を始める。

医学を研究して半年ほど経った頃より、死ぬことなどなんとも思っていなかった天風が死の恐怖を感じ始めた。喀血後、処刑台の上でもあれほど豪胆な心の持ち主であったが、人並みに死を怖れるようになったのである。毎日毎日、自分の痰《たん》を調べ熱を調べ、果ては尿や便まで調べた。そうしている自分が情けなくなり、情けない自分を元の強い心の持ち主に戻したいと思い、いろいろな人を片っ端から訪ねる。

キリスト教徒をはじめ、様々な人に会い、教えを乞うようになる。洗礼を受けているのでキリスト教に救いを求めるのは必然である。キリスト教は当時、日本のキリストと言われた海老名弾正（えびな・だんじょう1856－1937）に教えを乞う（中村天風講演録「心身統一法入門編」第5巻神経反射の調節法　Tr　1－6，7）。

海老名弾正はキリスト教牧師である。筑後国柳川藩の藩士の子に生まれている。父祐興と同郷である。弾正の教会もまた本郷にあった。それで弾正に教えを乞うたのであろう。しかし海老名弾正の説法を聞くもまったく役に立たない。

教会にも熱心に通う。王子のメソジストエスティックコパール教会（文献　CD巻5）という名前が講演の中に出てくる。CD巻5（1956・昭和31年2月講演）に面白いことが語られている。

あるとき、キリスト教の牧師に会い、以前と違う派の教会に通っていると言ったら、キリスト教は日本教会に限ると言われ、ばかばかしくてキリスト教は止めたと述べている。

このあと伊藤博文が心を病んだとき、師と仰いでいた森田悟由（もりた・ごゆう1834－1915）禅師を浅草に訪ねている。これは「父（祐興）と伊藤博文が親友であったからだ」と1965（昭和40）年10月30日「人生観」の講演の中で語っている。

また、あるとき、新井石禅（あらい・せきぜん1865－1927）という禅宗の僧侶がつかつかと天風の部屋に入ってきた。「肺病病みの若者は貴様か」て言うから「へい」てぇ言った。「馬鹿だよ貴様は。馬鹿め」って帰っちゃった。「俺も利口じゃないことは解ってるけどさ、ただ、馬鹿めって帰っちまったら、ありゃ馬鹿だよ」と面白可笑《おか》しく当時の状況を話していた。

こうして天風は欧米に出発するまでの間、キリスト教はじめ、様々な人に会って教えを乞うた。

「ローラン・スエッド・マーデン」(?)

また書物も読み漁《あさ》った。

その中に、竹馬の友(岩崎久彌 「哲人中村天風先生抄」橋田雅人著P.79。岩崎康弥の間違いであろう。または額田豊か?)が持ってきてくれたスエッド・マーデンの著書「如何にして希望を達すべきか How to get what you want」(原著・英文である。原著を読むだけの英語力をどこで身につけたのか?)があった。

「人には何人《なんぴと》にも自己を強くし、健康や運命を幸福に導いてくれる巨人の如《ごと》き力がある」

「不幸にも人々の多くは人間の弱い方面のみを考えて強い方面を考えない」

と喝破《かっぱ》された名句に天風は感激した。

この著書に大きな感銘と希望を見いだし、この人に会って教えを乞うたら、この弱い心の立て直しができるだろうと思った。そして矢《や》も盾《たて》もたまらず渡米する。

このスエッド・マーデンを天風は講演内で「ローラン・スエッド・マーデン」と呼んでいた。

私自身40年近く、ローラン・スエッド・マーデンをいささかも疑わず、頭からローラン・スエッド・マーデンだと思いこんでいた。

この天風の歴史を書くにあたって、ローラン・スエッド・マーデンという人物を調べてみて初めて、スエッド・マーデンはローラン・スエッド・マーデンではなくオリソン・スエッド・マーデンだと分かった。

分かったときは本当に驚いた。天風おたくの私にはまさに驚天動地《きょうてんどうち》である。古い会員はすべてローランだと信じているはずである。それほどローラン・スエッド・マーデンは会員に浸透している。松原一枝氏も著書「中村天風　活きて生きた男」（P.84）に「ローラン・スエッド・マーデン」と書き記している。それなのにローランではなくオリソンだって？

え? うそでしょ? という感じである。

そして丹念にたくさんのテープやCDを聴いてみた。すべてローランである。しかし「ローラン・スエッド・マーデン」という人物は存在しない。

スエッド・マーデンはオリソン・スエッド・マーデンである。

しかし講演の中でも何度も語っている、天風にとっては渡米し、偶然にインドに行くきっかけとなった、まさしく生涯を決した1冊である「如何にして希望を達すべきかHow to get what you want」の著者を間違えるであろうか。しかもアメリカで直接会って、話もしているのである。

天風自身、「How to get what you want」という言葉は大げさでなく何千回も話している、最も思い出深い事柄のはずである。それをオリソンをローランと言い間違えたまま何千回も語っていることに疑問が涌《わ》く。

しかし「オリソン・スエッド・マーデン」は存在するが「ローラン・スエッド・マーデン」は存在しない。この事実は、天風が種々の数字、固有名詞、年代を間違えている可能性を明確に示すものである。

前述した鑑寛(あきとも)、鑑徳(あきのり)の名前の混乱なども この類かもしれない。

その他、様々な年代、固有名詞の間違いも、この類であろう。

こう考えると、「天風が語ったから、この年代は正確だとはとても言えない」ということである。

ところで、「スエッド・マーデンに触発されて渡米した」ことになっているが、1956（昭和31）年2月講演では「レビューノブレビューreview of reviewという雑誌の広告に載っていた『motion motive』という健康法を求めて渡米した」とも語っている。

この「レビューノブレビュー」という言葉も、何回も他の講演の中に出てくる言葉の1つである。

病の期間は？

8年間、辛《つら》い病に冒されたと「心に成功の炎を」（P.11）（他多数）に書いてある。1965（昭和40）年2月16日東京公開講演でも、8年苦しめられたと述べている。他にもこの8年間はあちこちに登場している。

さて、この8年間という数字はどこからきているのか疑問が残る。

1906（明治39）年3月発病したとすると1913（大正2）年である。

しかし天風はインドに入って1年目ほど1911（明治43）年で喀血《かっけつ》、発熱は消失し、10貫目（36kg）を切っていた体重もぐんぐん増えて15貫目（54kg）になったと述べている（ちょっと揚《あ》げ足取りのようで気がひけるが、インドのヨーガの部落に体重計があっただろうか？）。

それならば喀血後2年間は日本、欧米に2年、インドに1年（インド滞在は3年ではなく1年3ヶ月。インドの項参照）と計算しても5年しかない。とても8年という数字は出てこないのだが……。

日本で喀血し日本を出国、再び帰国するまでを8年とみて話されているのか？　不明である。しかしインドを出るとき、辛亥革命に従事しているとき、果たして辛い病を持っていたか？　そんなはずはないと思うのだがいかがだろう。ここはいつもの天風一流の言い方が8年という数字を産んだのだと解釈したい。

喀血後自宅療養し、病気と闘い、心と葛藤し、人生を求め、医学を研究した期間をどれだけと推理するかによって年表作りに大きな影響を与えるので、こだわっているのである。

北里柴三郎が診察

著明な細菌学者である北里柴三郎（きたざと・しばさぶろう1852－1931）が自宅に往診して天風を診ていた。これは兄、豊二郎が北里柴三郎の門下で北里伝染病研究所の細菌部長であったからであろう。

しかし天風は北里柴三郎に自分の痛み苦しみを訴えるが、自分が感じるようには彼は受け取ってくれない。それならば、自分のことは自分しか分からないと考え医学を勉強する。

「学校で6年間習う医学の知識を1年で修得した」と語っている。

「半年経たないうちに、やらなきゃ良かったー」（1967・昭和42年のテープ）という件があるので、1年ではなく半年かもしれない。

では誰にどのようにして習ったのか？　独学なのか？　不明である。

たぶん独学であったろう。天風の家には医学の教科書がたくさんあったと述べている。兄の本でである。

医師の青山胤通という名前も出てくる。

青山胤通（あおやま・たねみち1859－1917。明治の内科学の権威）に医学を習ったのは欧米からの帰国後であると述べられている（「心に成功の炎を」P.199）。

青山胤通は天風の主治医の北里柴三郎の排斥者として知られ、主治医の北里がいるのに青山胤通に医学を習うことはないと思うが、欧米からの帰国後かなり早い時期に青山の下での医学研究をしているということは、出国前に青山と師弟関係があったのではないかと思うがどうであろう。

同時期、額田豊（ぬかだ・ゆたか1878－1972。東邦医大の創立者）も青山胤通の弟子である。

額田豊氏とは生涯交友関係にあったと言うから、「渡米前から青山胤通に医学を習っているはずがない」とは言い切れない気がする。

この時期の医学の学習がコロンビア大学医学部の成績につながっている。

1年で修得したということは、発病後1年間は日本にいたことになる。

しかし発病してすぐに医学の研究を始めたのではなく北里柴三郎の診療を受けてから半年後に、北里の診療に飽きたらずに自分で研究を始めるのである。そうすると研究の始めは早めに設定したとしても1906（明治39）年8月頃であろう。

渡米は「春まだ浅き頃」であるから1908（明治41）年3月になる。

古い会員で天風の傍《かたわ》らに長くおられた堀尾正樹氏は「結核発病後3年経ってから訪米」と書いている（「志るべ」第92号P.31）。しかし3年は長すぎる。3年いたのでは次の展開がなくなってしまう。

短くて1年、長くて2年くらいだろう。

療養生活、医学の勉強、教会に通う、様々な著名人に会い教えを乞う、などを考慮すると1年は短すぎるだろう。と言って3年は長いように思う。堀尾氏が3年というにはそれなりの根拠があるだろうことを考慮して2年くらいではないだろうかと推測するが、とても2年ですと言えるほどの根拠はない。しかし話を進めなくてはならないので2年ということにする。

以上のような理由から、

1906（明治39）年3月頃喀血

1908（明治41）年3月頃渡米

となる。

「春まだ浅い3月」に密出国

１９０８（明治41）年3月初旬頃「日本密出国」として話を進める。

この時期に出国していないと3年半アメリカ、ヨーロッパ、インドにいて１９１２（明治45・大正1）年に中国にいることができないからである。

１９６７（昭和42）年の講習会などには「１９０９年、春まだ浅い3月に日本を発った」とある。「春まだ浅い３月」という言い方は随所に見られるので、出国は3月であろう。

ただ１９０９（明治42）年という数字は、いつもの数字の間違いであろう。

間違いであろうという根拠は次のとおりである。

１９０９（明治42）年ならば、最初に喀血した１９０６（明治39）年5月から3年も日本にいたことになる。またアメリカ、ヨーロッパに2年、インドに1年3ヶ月（1年3ヶ月の根拠はのちほど述べる。天風の講演では3年）いたので１９１２年となり、それでは次の１９１１（明治43）年1月中国で頭山満に再会し、１９１３（大正2）年の辛亥革命に参加できないことになる。しかし参加したことは事実である。

辛亥革命参加は天風の歴史作りの大きな指標であるから、これは外せない年号である。

「春まだ浅い3月」という表現から出国は１９０８（明治41）年3月初め頃と推定できる。

１９６０（昭和35）年６月神戸の研修科で「今から54年前密航した」と述べている。逆算すると１９０６（明治39）年となる。

しかしこれもまた、既述のごとく間違いと思う。１９０６（明治39）年は軍事探偵の任務を解かれた年であり、発病した年である。

「８年後に日本に帰ってきた」という記述が何箇所かにある（「心に成功の炎を」Ｐ.４０５他）。

８年とすると、帰国は１９１３（大正２）年であるから、１９０５（明治38）年出国になってしまう。これもありえない。

「10年後帰国」という音声・記載も多々あるが、これも間違いであろう。

なぜなら１９１３（大正２）年冬ないし１９１４（大正３）年１月に東京入りしていることはほぼ確実であるから、10年前は１９０４（明治37）年１月となる。仮に出国を早めて１９０６（明治39）年としても10年後は１９１６（大正５）年となり、１９１４（大正３）年を大幅に超えてしまう。

10年という数字を天風が述べるとき、天風は必ず「密出国の罪は10年経たないと消えないから、それでまっすぐ日本に帰らず中国にもいたし、神戸の六角堂にも半年隠れていた」と語っている。これをどう考えるか………。

いよいよアメリカへ

(1) 長崎から上海に向かう

1908(明治41)年春まだ浅き3月初め頃、長崎から客船長崎丸に乗って上海へ向かう。上海からアメリカには密航である。結核を患っている人間には渡航の許可が下りないので密航で渡米せざるを得ないのである。密航の関係で、直接アメリカへは旅立てない。まず上海に向かった。そして中国は勝手知ったる国である。密航の手口も充分熟知していた。「孫逸郎」という偽名を使い渡米である。孫逸郎の名は孫文(孫逸仙)の字をもじり孫文の弟と称した。天風は22・23歳の頃、孫文に会っている。

即ち1987(明治30)年前後から数年間? 若き日の孫文と親しくしていたようである(「気の確立」藤平光一著P.116)。

孫文は1904(明治37)年8月~1907(明治40)年、日本にいた。

当時、頭山満は孫文を援助している。また明治30年代の初めに天風は孫文の護衛をしている。そこで孫逸郎の名前は孫文が付けたと言われている。

そういうわけで、孫文の父の第三夫人の子供の戸籍に替えて、支那人になって、アメリカから来ていた葉巻たばこ商会の社長の従者ということでアメリカに渡った。

「アメリカの葉巻タバコの商会の社長が上海で支那人を従者として雇ったんですから、支那の法律には触れていない。インドから帰るまで私は支那人でいたん。日本に帰った当座の1年半ばかりは支那人でいましたよ」（1960・昭和35年6月25日神戸　神経反射の調節法）。

（2）喜望峰周りでアメリカへ

1908（明治41）年4月上海から喜望峰周りでアメリカへ旅立つ。

パナマ運河（開通は1914年）はまだ開通していなかったので、アメリカ東海岸にあるニューヨークに行くのには喜望峰周りであった。93（96？）日間の船旅である。密航しなければならない理由は、先にも書いたとおり天風の病である。肺病病みには海外渡航の許可は下りなかったという。それでも「アメリカへ行きたい！」だから密航である。

1908（明治41）年6月末か7月頃ニューヨークに到着。

ニューヨークは金持ちが多く、みんな帝国ホテルで食べるような料理を食べているものと思っていた。しかし、「貧乏人と乞食とバカと精神病者が多いのにびっくりした」と語っている。

この人に会えば救われると信じていたスエッド・マーデンに、3ヶ月待って会うも失望する。


「あたしはあなたの著作には大変感激いたしました」

「何回読んだ？」

「10回読みました」

「Only tentimes? poor reader」

「期待していた心を強くする方法をなんら教えないばかりか、『10回しか俺の本を読んでないのか、1000回でも1万回でも読め。暗記するまで読め』と言う。『そのうちに死んでしまいます』と答えたら、『それもオーライだ』とぬかしやがった」

と憤慨して講習会では話していた。

そして、「来てみれば　さほどでもなし　富士の山」という歌を紹介していた。「本で感激したら著者には会わねーほうがいいよ、初恋の人にも会わねーほうがいい」と付け加えていた。

余談であるが以上のような英会話ができていたことに驚く。

どこでどうやって身につけたのか？

のちにエジソン（１８４７－１９３１）の神経病を治したので有名な哲学者カーリントン博士（「How to live?」の著者）に会うも「お若いのに生命や人生について考えておられる。あんたは偉い。あんたは偉い。その尊い顔をまた見せてください」と誉《ほ》め上げて「今日はちょっと先約があるので」と体《てい》よく追い返される。

天風はこのときの体験を「2年間、アメリカ、ヨーロッパで得たものはこれ（会いたくない人を体よく追い返す方法）だけでした」と笑い話として語っている。

そこで米欧にいた期間は2年間だと推理できる。たぶん、これは間違いないだろう。別のテープでは「1年間アメリカにいて得たものはこれだけだった」とも言っている。アメリカには1年前後いたのだろう。

（3）10億円もの大金を誰が工面？

日本から持ってきた5万円（「成功の実現」P.63など）はすぐに底をついたと言うが

10億円！

……………？当時の5万円、何気なく長いこと聞き流していたが調べてみると現在の10億円！

10億円がわずかなアメリカ生活でなくなっている。

10億円もの大金を誰が調達したのか？

また、調達する必要があったのか？

調べてみると当時の1円は現在の2万円くらい、また物価換算では3800倍くらいである。そうなると持参した5万円は安く見積もっても2億円、高いと10億円となる。

当時の喜望峰周りの船賃はいくらであったろうか。

1904（明治37）年、野口英世（のぐち・ひでよ1876－1928）が準備した渡航費用は300円ほどである。船賃は太平洋横断ルートでシアトルまで3等は180円である。

喜望峰周りの航路にしてもせいぜいその倍くらいであろう。

上海での渡航工面費用。アメリカでの生活は思ったより高くついたのか。

本当に5万円もの大金を持っていったのか？　大いに疑問である。

野口英世の300円から考えると1000円でも十分な費用である。

5万円という億の金を持っていく必要はないと思う。

5万円、これもまた天風一流の話ではないのか？

当時の高級公務員50円／月。年収600円とすると約100年分の渡航費となる。それほどの大金を持っていく必要はないと思うが……？

5万円もの大金は親が工面してくれた（「中村天風先生　人生を語る」P.153）。しかし親がそのような大金を工面できただろうか？

橋田雅人先生の本には「祐興を可愛がった宣子（立花鑑賢あきかた・立花家十代当主の側室強子の子供。たくさんの米倉、炭鉱の経営など大金持ち）が工面した」とある。宣子ならば、なきにしもあらずと思われる。

当時、既に頭山満に可愛がられていた天風であるから、頭山満がほとんどの金を工面したのではないだろうか。「心に成功の炎を」（P.96）では「頭山満翁がインドでの悟りをうける資格をつくってくれた」と述べている。それでもせいぜい、1000円くらいではないだろうか、と考えるのは庶民の発想か？

生活に困った天風を芳澤謙吉（よしざわ・けんきち1874－1965。「成功の実現」P.61）というアメリカ公使（天風は大使ではないとわざわざ断わっている）二等書記官・のちに中国大使が同情してくれ、職を探してくれた。調べてみたが芳澤謙吉は当時アメリカにはいない。

アメリカ領事の西山?（の世話で支那人の通訳）という名前が出てくるテープがある。芳澤謙吉は、「成功の実現」（P.61）では天風の親族とある。芳澤謙吉の義父は犬養毅（いぬかい・つよし1855-1932）で犬養内閣では外務大臣まで務めている。

(4) コロンビア大学医学部を首席で卒業

1908（明治41）年～1909（明治42）年、コロンビア大学医学部に入学。8ヶ月在籍。

これは芳澤謙吉が紹介してくれたアルバイトである。「留学に来たのだが、学校に行きたくない、身代わりに行ってくれたらお金を出す」という広東省（香港?）出身の支那人（コロンビア大学医学部。李宗順・りそうきん）の代わりに学校に行ったのである。学生証に写真がない時代の替え玉出席である。

この支那人は、妾《めかけ》を3人も連れ、ホテルで暮らしていた。英語が皆目分からない。それでいてアメリカに留学に来ていたのである。自分の代わりに学校へ行ってくれというのである。

英語も中国語もできた天風はすぐにその申し出を了承し、替え玉で学校に行ってやり、また日常の通訳もしてやった。

その報酬として1万5千ドルもらう。当時の為替レート2円／1ドル＝3万円→6億円？ 0・5円／1ドルという本もある。それでも1・5億円!! 本当か？ とまたまた疑ってしまう。しかし講演内で、この1万5千ドルの話は何度も出てくる。

李宗順、「成功の実現」（P.64）ではルビを振り「リソウジュン」としているが、「リソウジュン」は聴いたことない。私の聴いた天風の音源はすべて「リソウキン」である。「リソウキン」として 月、水、金は本校に通う。

本校では耳鼻咽喉科に通い、火、木、土は時間が余ったので孫逸郎という名前で基礎医学に通ったという。

このコロンビア大学に何年何月に入学し、何月に卒業したのか？ はっきりしていない。

1908（明治41）年9月に入学して翌年5月博士号収得。7月卒業か？

「8ヶ月で博士を収得した」（「成功の実現」P.65。他のテープもすべて8ヶ月）と言っている。

当時のアメリカの学校の入学は9月であり卒業は7月が一般的だと思われる（現在のアメリカの卒業月は7月）。

「8ヶ月で医学部が卒業できるのか？」という疑問があるが、8ヶ月で卒業は十分ありえる話であろう。杉並の鍼灸《しんきゅう》師の橋本まさえ氏が「友人の中国人がコロンビア大学の卒業生名簿に孫逸郎の名前を見つけた」という記事を「志るべ」に載せている。

これを私も調べてみたいと思っているが、その機会がないまま時が過ぎている。

これが本当なら、日本出国、アメリカ着、次のヨーロッパの期日が正確になるのだが。

アメリカの医師免許取得を日本の運転免許証取得から考えてみよう。

日本でも昭和25、6年の運転免許は1日で取得できたそうだ。

無免許で自分の車で試験場まで乗っていって、どこかのグラウンド、空き地を一回りしたら合格だったと先輩の医師たちは笑って語っている。1ヶ月も2ヶ月もかかって運転免許を取得する現在ではとうてい考えられない。

ちなみにアメリカの運転免許は今もその辺一回りして、交差点を2度ぐらい通り、ブレーキランプがつけば、あとは簡単な学科試験で受かるとのことである。免許のための学校はたぶんないだろうとアメリカに長く住んでいた友人が語っている。

同様に、今でも国家試験のないアメリカの医師免許取得は1900年代の始めは、そんなものだったのだろう。日本でも、明治の始めまでは、私は医師であると言えば医師になれた時代であった。明治10年頃に、それまで漢方医として開業していた人たちも、試験を受けて医師資格を得ていた。そういうわけで8ヶ月で博士になってもおかしくはないだろう。

天風は「首席で卒業した」と語っている。聴講生と書いてある本があるが聴講生ではない。李宗順の名前で通学した耳鼻科も、首席で卒業し学位を授けられている基礎医学も正式な学生である。

「学位・博士号取得は孫逸郎でとった」と語っているので耳鼻科でなく基礎医学である（1967・昭和42年1月20日講習会）。だから天風の肩書きに医学博士がついていてもおかしくないのである。ただ「天風先生座談」（P.200）では「替え玉出席の耳鼻科で学位をとった」とあるので、そうなると耳鼻科で学位をとったことになるが……。

後述するが天風は、後年ドイツの哲学博士の称号も得ている。

余談だが、天風に替え玉出席を依頼した李宗順さんは無事に故国に戻れたのか、長年気になっていたが、無事に故国に戻り、香港で耳鼻科を開業したとのことである。もっとも西洋医学ではなく当時の中国ではほとんどの医師が漢方医だったので、アメリカで学んだ漢方医と称し無事開業医になったそうである。めでたしめでたし。

アメリカからイギリス

結論　約10ヶ月滞在

1909（明治42）年8月頃イギリスに渡る。

船は荒波に揉《も》まれに揉まれて、乗客はおろか船員さえ船酔いになってしまうほどの荒波であった。食事を作る船員も酔って、食堂に行って自分で缶詰《かんづめ》を開《あ》けて食べていたという。

食堂で食事をしているのは天風と1人のイギリス人だった。

「なんであんた、酔わないの？」

「俺は海軍大佐、16のときから水雷艇に乗ってる。こんな波なんてへっちゃらだ。ところであんたはご病人のようだがどうして酔わないいんだ？」

「私は今、ロンドンに行って講演を聴こうと思って心が燃えている。船に酔ってる暇《ひま》なんかありませんよ」

「偉い、その言葉を私は一生忘れないぞ。良い言葉を有り難う」

とイギリス人に誉められたことを講演で語っていた。

「乳飲み子を抱えているお母さんも酔いませんな。船酔いも心一つの置き所だ」とも語っていた。

船はミネソタ号。「ミネソタ号の処女航海で、6万数千トン。大きな船でしたヨ」と天風は語っていた。

ミネソタ号という船は存在するが天風の言う船とは違う? ミネソタ号1904(明治37)年。20718総トン。シアトルと東洋とを航海している。

イギリスに渡ったのは、アメリカでは自分の求めている答えを出してくれる哲学者がいなかった。そういう折り、ロンドンのキングストリートでH・アディントン・ブリュースの講演「ナーブスキュアリング(精神療法)」があると聞いて矢も盾も堪《たま》らなくなり燃える心でイギリスに向かった。講演会は2週間もあった。目の玉の飛び出るくらい高い講習料だった。講習料1500円(当時米1升6銭)。

しかし「嫌なこと、思い出したくないこと、病のこと、なんでも忘れちまえ!!」が結論だという講演に呆《あき》れる。腹が立ち楽屋まで行って、「忘れろじゃ話にならない、どうしたら忘れることができるのか? 忘れる方法を教えてくれ」と直談判《じかだんぱん》したら、「そんなこと言ってる間は、お前は忘れられない」の一点張り。「How to do」を教えないで「How to say」ばかりの講義に呆れ、ここでも大きな失望を味わう。

イギリスからフランス

商社の知り合いが気の毒に思い「精神の問題はフランスだ。紹介状を書くからフランスに行ったら」というのでフランスに渡る（出典　杉山彦一先生「天風哲人の求道と大悟」）。サラ・ベルナールの紹介は、ロンドンの日本倶楽部で新聞を読んでいるときに知り合った医師の木村総三氏である、と書かれた資料もある。

名前まで出ているので、こちらが正しいか。

紹介状にはなんとマドモアゼル　サラ・ベルナールと書いてある。

「なんだ、おい、これオペラの女優じゃないか。俺、オペラを習いに来たんじゃないぜ」

「芸術の国、フランスてぇのは、芸術家を非常に大切にする国だよ。しかもサラ・ベルナールさんはねぇ、ただの女優じゃないよ。哲学者だよあの人は。お前にはぴったりだから行ってごらんよ」

と言われフランスに渡る。

フランスに行った話は、サラ・ベルナールの屋敷にしばらく逗留《とうりゅう》したこと、サラ・ベルナールからカントの本を読むように言われたことなど、講演内に度々出てくる。

「サラ・ベルナールと半年間同棲《どうせい》していた」（「いつまでも若々しく生きる」P.１６５他）。

「初めて車（ルノー）の運転をした。初めは俺にもできるかなーと思っていたら、なーに２時間くらいの練習ですっかりできるようになった」

などと楽しそうに語っていた。

サラ・ベルナールはフランス人であるが世界のあちこちに巡業している。サラ・ベルナールの年表があると様々な疑問が一挙に解決するのだがと思っていたところ、２０１９年に年表が手に入った。

そのサラ・ベルナールの年表（Sarah Bernhardt 発行・株式会社燦京堂）を調べてみると、１９０８（明治41）年はヨーロッパ諸国、トルコ、エジプトを巡業しているが、１９１０（明治43）年10月のアメリカ巡業まではフランスにいたとされている。

サラ・ベルナールは１９０９（明治42）～１９１０（明治43）年10月の間フランスに滞在していたことは明白な事実である。ということは、天風もこの期間にフランスにいたのである。この時期フランスにいるためにはアメリカ出国は１９０９（明治42）年ということになる。そして１９１０（明治43）年10月から１９１１（明治43）年７月までアメリカに滞在している。ということはこの時期には天風のヨーロッパ滞在はないということである。

これは驚きの事実である。

サラ・ベルナールのフランス滞在時期が証明された！　これで私の長い間の疑問が解けた。また、私の推理に間違いがないことが証明された。ヤッター!!

日本出国、アメリカ入・出国、インド入国時期の推理が推理でなく事実として証明できるようになった。

以下はサラ・ベルナールの歴史が分からない時期に書いた文章である。

（サラ・ベルナールの歴史を調べること。彼女の歴史は詳しく残っているという記事あり。とくに彼女が1908・明治41年9月～12月、1909・明治42年何月から1910・明治43年何月までフランスにいたのかを調べる必要がある。天風のフランス滞在年月が推測できるはず）

フランスからドイツ

ドイツにもしばらく滞在していた。

ベルリンでキンネット博士（アインシュタインの高弟）の講演を聴くだけで3ヶ月強かかっている。7日間の講演と3ヶ月後の講演である。

またドイツで「あのヘッド氏過敏帯（註、内蔵関連痛）を研究した」（「心に成功の炎を」P.

366））という記述がある。天風はヨーロッパ滞在中に医学の研究もしていたのである。ドイツで「1週間発熱で入院した」（「いつまでも若々しく生きる」P.224）「水治療を教わる」（「いつまでも若々しく生きる」P.224）などといった記述もある。

ドイツのブラケンブルグから5マイルほど離れたところのハルツでは「泥応用の医療を学ぶ」。また食事の前の「笑え」を教わり、今に活かしている（「いつまでも若々しく生きる」P.346）。

最後に会ったのは当時の世界的な哲学者、ドイツのドリーシュ博士（Hans Driesch. 1867-1941）である。サラ・ベルナールの紹介である。

「心を強くする方法という天風の求めているものは世界で誰も知らない。お互いに探そう。いずれが先に発見しても人類の幸せのためだ」と言われた。

「自分の求めているものは世界のどこにもないのだ」と分かり、これを機に日本に帰る決意をする。

ドリーシュ博士は天風が昭和天皇の御前講演した翌月来日し天風と会っている。1926（大正15）年である。これが縁でドイツの博士号をもらったとも語っている。

スイス、ベルギー、北極圏まで

スイスに行った話も講演内に出てくる。

「お金がなくて外国なんぞに行くものじゃないですよ。お金がなくても親切にしてくれたのはスイスだけだもの」

お金がなくても親切にしてくれたのはスイスだけということは、他のイギリスやフランス、ドイツに行ったときにもお金を持っていなかったということになる。

これはおかしい。天風の懐にはアメリカで中国人からもらった1万5千ドルがあったはずである。天風はしばしば1万5千ドルという大金をもらったこと、1万5千ドルがいかに大金であったかという話をしている。インドに行ったときにもこの1万5千ドルを持っている話をしている。それなのに、なぜスイスではお金がなかったのか?

ベルギーに関しては「成功の実現」（P.66）にある。他にテープでもベルギー（天風ベルジュームと発音。テープ「正義と青年」）は残っている。

北極圏の国々にも行った（「いつまでも若々しく生きる」P.16、326）。

天風を救ったインド

（1）「どうせ死ぬなら桜咲く国で」

さて天風に重大な影響を与えたインドの話に移ろう。

インドへの入国、そして出国の時期、これはなかなか難しい。正しく記載、記録されているものはない。

結論

1910（明治43）年9月〜1911（明治44）年12月初め頃

滞在は1年3ヶ月

1910（明治43）年5月21日、マルセイユから船（貨物船）に乗る。

25日という音声も多々ある。しかし銃殺刑と同一で21日という音声（中村天風講演録「心身統一法入門編」第5巻神経反射の調節法。№2）もある。「21日は自分にとっての運命の日だ」とも言っているので21日としたい。

アメリカでの大きな失望、イギリスでの失望、ドイツでの失望。

いくら世界を周っても心を強くする方法はない。どこにもないことに気づき、どうせ死ぬなら桜咲く国で死のうと決意し、失意を胸に帰路に着く。「こんなところに2度と来るか」とフランスのマルセイユの岸壁（海と語っている音声もある）に2度唾《つば》を吐《は》く。2度と来るかと自分に言ったのでその後生涯、日本を離れることはなかった。

朝鮮総督府の高等通訳官の任務、朝鮮支部創立のため朝鮮には行っているが敗戦前の朝鮮であり、日本の統治下であるから朝鮮を日本と言っても間違いではない。もう1回は1917（大正6）年、頭山満と共に中国に渡っている。

昭和の初めにチベット、ラサに行った、しかも半年間滞在したと語る記事も残っているが………？　天風の言う日本を離れる、それは欧米に行くという意味である。

マルセイユから船に乗ったことは間違いないだろう。

他の地名を述べているテープは存在しない。

しかし、その時期については様々なテープがある。

1911（明治44）年5月25日（1965・昭和40年2月16日東京。公開講演巻5№4他）というテープはたくさんある。

しかし1911年は間違いである。1911年は第一次辛亥革命が起こった年であり、その12月には天風は中国に入っている。

もしも１９１１（明治44）年が正しいならば天風のインド時代はなくなってしまう。

ここを知ってか知らでか、「天風がインドでヨガの修行をしたのはウソである」と書いてある本がある。こういうことにきちんと反論するためにもインドに入った時期を正確に押さえる必要があるのである。

出発の日は25日ではなく１９０４（明治37）年の死刑の日と同じ21日である。天風は何度も自分の運命の日は21日だと語っているからである。

１９５６（昭和31）年12月10日神戸の講習会のテープでは5月21日とある。

「成功の実現」（P.73）には、「忘れもしません」と前置きまでして、１９１１年と述べている。

「忘れもしません、西暦１９１１年の5月25日、小雨のそぼ降るマルセイユのほの暗い港を、日本に帰るつもりで旅立ったのであります」

しかし、同じ「成功の実現」（P.66）では「コロンビア大学で学位をもらったのは１９１１年だ」と述べている。１９１１年にコロンビア大学を卒業しているのなら、同じ年にマルセイユから帰国の途《と》に着くわけがなくなる。天風は少なくとも1年はヨーロッパに滞在していたのである。しかし天風は何度もアメリカ、ヨーロッパに2ヶ年いたと述べている。「成功の実現」（P.73）には3回も記述。

アメリカ、ヨーロッパに2年いたとなると1908（明治41）年7月から1910（明治43）年5月は妥当な線である。

（2）カリアッパ師との運命的な出会い

なぜ客船ではなく荷船なのか。

天風はサラ・ベルナールが引き留めるのを振り払って、一刻も早く日本に帰りたかった。しかしマルセイユに着いてみたら客船は10日前に出航しており、次の船は2週間先だという。ペナン行きの荷船（貨物船）ならすぐ出ると言うので荷船に乗った。ペナンはマレー半島のインド洋側、1メートルでも早く日本に近づきたいと思い飛び乗る。ペナンまで行き、そこで上海行きの船を見つけ、日本に帰ろうと計画したのである。

マルセイユを出て2週間後（推定6月3日）、船はイタリアの軍艦がスエズ運河で座礁《ざしょう》したためアレキサンドリアの港に停泊を余儀なくされた。「ピラミッドを見よう」と同じ船の罐焚《かまた》きのフィリピン人に誘われ小型の蒸気船でナイル河を遡《さかのぼ》り、カイロまでたどり着いたが、喀血してピラミッドの近くまでは行けなかった。

マルセイユで客船に乗れなかった、客船ならばポートサイドに停泊させられた、貨物船だからアレキサンドリアに入港停泊となった、そしてピラミッドを見に行けなかったなど、いくつもの幸運が重なり、天風はエジプトカイロのホテルの食堂で1910（明治43）年6月5日、生涯最大の師、インドヨガの聖人カリアッパ師に巡り会えた。

1911（明治44）年と書かれている本（「成功の実現」P.73）が多いが、1911年は間違いである。何度も言うが1912年1月～3月にかけて天風は中国にて頭山満と会っている。

1911年ではインド滞在がなくなってしまうのである。

1913（大正2）年7月の第二次辛亥革命の参加もなくなってしまう。

そして後述するが、インドに1年3ヶ月いたことを考えると1911年はありえないことになる。

（3）カイロからゴーク村まで3ヶ月？

1910（明治43）年9月ゴーク村着。

カイロからインドまで、あちこちの港に寄って行ったと述べているから短時日ではなかったろう。カイロから94～95日（93日という説もある。しかし93日は上海からニューヨークまでの航海期日である）かかったという天風自身の言葉があるが、これも天風独特の間違いか？自分専用のヨットで旅をするカリアッパ師がインド国内をのんびり歩いて行くわけでもあるまい。

当時のインドはイギリスの統治下にあり鉄道はいち早く1853年（嘉永6年・江戸時代である）に開業している。ちなみに日本は1872年である。20年も早いのである。

最初の開業から60年も経った1910年にはインドの津々浦々まで鉄道が引かれているはずである。なぜならインドは世界第5位の鉄道王国だからである。さらに自動車もあったはずである。

そう考えると4～5日か、せいぜい1週間ではないだろうか。そうしないとインド滞在が極端に短くなってしまう。そこで早ければ6月20日前後、遅くとも6月末にはゴーク村に着いていたと思われる。

と、当初は、このような私の推理を書いてはみたが………。

天風の傍らで長いこと右腕として活躍され、天風の話を百回も2百回も聴かれた杉山彦一先生は自身の講演の中で「3ヶ月かかってヨーガの村、ゴーク村に到着した」と語っている。その杉山先生述の「天風哲人の求道と大悟」の中に書かれているゴーク村までの話を転載する。

「一週間ここ（アレクサンドリア）で、たぷり、たぷり揺られたってどうにでもなるもんじゃないよ。これからナイル川を上がった所にカイロてぇいう街があって、その郊外にねぇ、ピラミッドとかスフィンクスとかなんかてぇのがあるんだそうだ。どうだい行ってみないかい（中略）翌日、二人でやっとカイロに着いて、そして次の朝、今日はピラミッド見学に行くぞって立ち上がって顔を洗おうとしたらクックックックックックと激しい苦悶が沸き上がると同時にパッパッパッパッと喀血したの（中略）貨物船で一緒になり親身に世話をしてくれたフィリッピン人の罐焚きが止めるのを（得体の分からないインド人なんかについて行くな）振り切り、ホテルの裏へ回ってみるとナイル川に三本マストのきれいな船が停泊している。ああこれだな、トントントンと甲板に上がっていくと昨日の人（カリアッパ師）がいたんだ。『仰せのとおりまいりました』って言ったら、にっこり笑って『お前は救われたよ』ってぇ。何が救われたんだかさっぱり解んない。『あなたは何て人ですか？　あたしを何処へ連れて行くんですか？　どういう方法で私を助けてくれるんですか？』一つも、一言も聞かない。船はナイル河を下っていく、地中海へ出る。そしてスエズ運河を渡ってインド洋へ出る。そしてインダス河の河口のカラチに着く。それから船はまた遡る。大きな船から小さい船に乗り換える。船が進まなくなったら、そこで降りて、砂漠のような所をラクダで行く。天風先生、どこをどう歩いてるか見当がつかなかったそうだ。カラチとか、インダスとか、インダス文明とか、少しは見当つくけどそれ以上は見当つかないの。どうやらアフガニスタンの方を歩いているような気がしてたと言う。一月が経ち、二月が経つ。終いには徒歩で歩いてく。大きな山が見える。『あれ、なんだい』てぇ聞いたら『あれエベレスト』てぇ言うんだ。『あれ、なんだい、エベレストがこっちへ見えるらいとこ来ちまったもんだなあ』ってぇ。それから一月も歩いて。聖なる素敵な山が見えて来た。『あの山、なんて言うんですか?』ってぇたら『カンチェンジェンガてぇ山だ』ヒマラヤの中で最高峰がエベレスト、二番K2，三番目がカンチェンジェンガてぇ山だ。その裾を回って回っていくつか尾根を越えて、ゴークという村に初めて到着した。そこで旅装を解いたわけだ」

ということでゴーク村までカイロから3ヶ月とする。

しかし杉山先生の話がすべて正しいとは限らない。たとえば、後述するが、修行を終えた天風が帰途、ゴーク村から上海に行くのに再び同じ道、カラチに出てそこから船に乗ったとしているがこれは間違いである。

大井満氏の著書「ヨーガに生きる」にも同様にゴーク村まで3ヶ月の旅の姿が描かれている。もちろん、私も天風自身の口から3ヶ月の話は聴いている。

それでも、本当に3ヶ月？　と思ってしまう。これはインド滞在を3年としていたからである。3ヶ月もかかってゴーク村に着いたのでは、ますますゴーク村での修行の期間が短くなってしまうのである。

しかし、後述する「1年少しインドにいた」ということで計算すると、3ヶ月かかってゴーク村に到着してもなんら不思議はない。旅客船もある時代にヨットでのんびりイギリスまで往復する旅を選んだカリアッパ師である。鉄道も車も使わず気楽にラクダの旅を楽しんだのだろう。3ヶ月かかってゴーク村に着いたとしたらゴーク村到着は9月となる。

（4）インド滞在は「1年3ヶ月」だ！

1910（明治43）年9月〜1911（明治44）年11月末か12月始め頃までインド、カンチェンジュンガの麓《ふもと》のゴーク村に滞在。ここで悟りを得る。

しかし、「インドに3年いた」という言葉は講演の中でしばしば出てくる。

１９６７（昭和42）年10月29日読売新聞朝刊「わが心の風土」の記事の中では「３年有余滞在」となっている。

「盛大な人生」（P.１９７）「心に成功の炎を」（P.２５２）「いつまでも若々しく生きる」（P.３４８）などでは「2年9ヶ月いた」となっている。

「戦場と瞑想」（P.２７５）では「2年7ヶ月」となっている。

１９５５（昭和30）年芦屋の講演会では「2年数ヶ月」と述べている。

その1年後の１９５６（昭和31）年神戸のテープでは「3年9ヶ月」とも述べている。

これらの違いがインド滞在の期間を推定するのに大きな障害になっていた。

現在の天風会員のほとんどが「インド滞在は3年」と信じているのは、天風が「3年滞在」と述べているテープ（残されている音源のほとんどは１９５５・昭和30年以降である）だけを聴き、本を読んでいるからであろう。

私は１９６１（昭和36）年から１９６８（昭和43）年まで、天風の話を何度も聴いたが、すべてインド滞在は3年である。

だから、私が主張する「3年以外の数字、ましてや1年数ヶ月などという数字」は、天風ファンにとってまさに驚天動地以外のなにものでもない。

もう1つ、「1911(明治44)年までインドにいた」とする根拠。「心に成功の炎を」(P.5)で、「私は35歳まではめちゃめちゃな人生に生きていた」と語っている。言い換えると「35歳から真人生に生きることができた」ということである。これは「35歳までインドにいた」ということではないか。天風の言う35歳は1876(明治9)年+35=1911(明治44)年となる。そこで「1911(明治44)年までインドにいた」と推理できる。

(5) 3つの文献からインド滞在を推定

ここでは次の3つの文献からインド滞在は1年3ヶ月と推定する。

① 1つ目の文献

会員のM氏よりすごい文献の提供を受けた。まさにすごい文献である。清水芳洲の主幹で精神統一社の雑誌「精神統一」1921(大正10)年11月1日発行号に、記者の「印度に行かれたそうですが」という質問に答えて「そうです。一年と少しの間でしたが……」

という記事がある。この記事は「今すぐできる霊術講座」（出版ＢＡＢジャパン、２０１５年12月発行）という雑誌の中の中村天風が説く精神の力という項の中に書かれてある記事のことである。これは私が持っている最も古い文献である。

この記事が書かれたのはインドから日本に戻ってわずか10年である。その１９２１（大正10）年に「印度滞在は一年と少し」と答えているのである。きわめて信憑性の高い記事である。

天風会員の誰もが信じて疑わない3年という数字が「一年と少し」になった!!　これには私自身も、もうびっくりである。

②2つ目の文献

会員のＳ氏から提供を受けた国会図書館蔵の「最新犬の飼育と訓練法」（岡村書店昭和9年発行）の愛犬趣味五題の中、犬から受けた恩恵と題する中村天風の記事（P.２５４）に「私は１９１０年から印度に一年八ヶ月程居りました」という記事がある。インドより帰国後24年の記事である。私の持っている2番目に古い記事である。

余談であるが、「私は１９１０年から印度に一年八ヶ月程居りました」のあとに「それから先年ラマに行きましたが、ここでもチベットに半年居りましたが……」という文がある。え？　ラマに行かれたの、チベットに行かれたの！　ビックリである。天風がラマ、チベットに行かれたという話は1度も聴いたことがない。これはどこにも記載がない新事実の発見である。「先年」というのは、昭和の初め頃か？　うわうわっ、また謎が増えた！

しかしこれは、どこにも記述、音源がないので、今回の年表からは外そうと思う……。

「一年八ヶ月」というのはインドに足を踏み入れゴーク村に入るまでの「3ヶ月」近くの旅の期間を含めていると考えると納得のいく数字である。

③3つ目の文献

天風会員おなじみの最もポピュラーな「真人生の探究」（第四章、栄養恐怖症 P.328）に次のような記述がある。

「青年時代、或る山中で念願修行のため約二カ年ばかりの間、唐黍《とうきび》やそば粉で練り上げた団子のようなものを………」

私は、長い間、この文章が不思議であった。

何を語っているのか皆目検討がつかなかった。インドに3年という言葉が頭に染み付いているから、二カ年がインドだとは思いもつかないのである。

だから「インド以外に先生が二カ年山に籠《こ》もられたという話は聴いたことがない」と思ってしまうのである。

しかし、二カ年山に籠もられた。これはインドにいたことを物語っている文章だとすると辻褄《つじつま》が合う。そうなんです！　これはインド修行中の話なのです。

まさかこれがインドを表わしている文章だとは思いもよらなかった。天風の歴史を調べている中で、あちこちで晴天の霹靂《へきれき》という言葉を使わせてもらっているが、この事柄も私にとっては晴天の霹靂である。

しかし納得である。なぜなら、この本を書かれたのはインドを離れてから36年経った１９４７（昭和22）年だからである。

こう見てくると、インド出国から、年月が経つほどインド滞在時期が延びているのが分かる。１年少しが1年8ヶ月、1年8ヶ月が2年数ヶ月になり最後は3年9ヶ月である。歳月が人の記憶の曖昧《あいまい》さを産んでいくのであろう。

さて、この3つの文献でインド滞在（往路エジプトからゴーク村までの3ヶ月、帰途ゴーク村からカルカッタまでを除いた修行の期間をインド滞在と表現する）の3年はなくなった。私は往路のエジプトからインドゴーク村までの時間、帰途のゴーク村から上海までの時間を考慮すると、3つの文献を本《もと》に、天風の最も記憶の新しい時期に語っている「一年少し」を最有力の材料として1年3ヶ月だと結論づける。そうすると次の中国での活動がきちんと説明できるからである。

3年ではない、1年少し、1年3ヶ月程度、なのである。

嬉しいことに1年3ヶ月（または1年少し）を当てはめて、喀血から米国密航を紐《ひも》解くと非常にすっきりした歴史になる。ほとんど解決できるのである。

1年3ヶ月に気づく前は、インド滞在3年に縛られて逆算するので、喀血から日本脱出までの年月が余りにも窮屈《きゅうくつ》になっていた。

1年3ヶ月という説で年表を作成してみる。

満蒙へ　1902（明治35）年12月5日
軍事探偵解散　1906（明治39）年2月11日
喀血　1906（明治39）年6月（日本に1年10ヶ月）

出国	１９０８（明治41）年３月
上海発	１９０８（明治41）年４月
アメリカ着	１９０８（明治41）年６月（１年滞在）
アメリカ発	１９０９（明治42）年８月
ヨーロッパ着	１９０９（明治42）年８月or９月（10ヶ月滞在）
フランス発	１９１０（明治43）年５月21日
インドへ	１９１０（明治43）年６月６日（ゴーク村に１年３ヶ月滞在）
インド発	１９１１（明治44）年12月初旬
上海着	１９１１（明治44）年12月25日

インドから中国へ

（1）ゴーク村から上海への路は？

１９１１（明治44）年11月末または12月初旬～中旬頃インドを離れる。

「天風はゴーク村からどのルートを通って上海まで行ったのか」検証する必要がある。

多くの本には「往路と同じ路《みち》を通ってカラチに戻った」と書かれている。

しかし同じ路を通るだろうか。大いに疑問が残る。

ゴーク村はベンガル湾に近く、中国に渡るにはアラビア海に面しているカラチよりはるかに近い距離にある。わざわざカラチに行くという選択はないだろう。

「カルカッタに出てペナンを経由し上海に向かった」とするのが筋であろう。

当時ペナンは一大港町であり、ほとんどの船がペナンを経由して中国、インドネシア、日本に向かっている。

インドからの帰途ではないが、中村天風講演録「心身統一法入門編」（第5巻神経反射の調節法No.2）では、マルセイユから日本に帰る道を「ペナン経由」と述べている。ペナンから上海行きの船に乗るためにインドはカルカッタから船に乗ったと考えるのが自然である。

天風先生のおそばに長くおられた杉山彦一先生、橋田雅人両先生とも「カラチから帰られた」と記述している。

そして、橋田先生は「カリアッパ師もカラチまで見送った」と言っているが、これはどうだろう。天風は、もう1年半前の天風ではなく健康体を取り戻した天風である。カリアッパ師も安心して送り出したと思われる。ここは杉山先生の言われているように「カリアッパ師とはゴーク村で別れた」と取るほうが正しいだろう。

そして先に述べたようにインドは鉄道の国である。明治の末、既にインドには網の目のような鉄道網があった。そこで鉄道または船でガンジス川を下りカルカッタから船に乗り上海に向かったならば11月末、12月始めにゴーク村を離れても12月末に上海に到達するだろう。12月始めにゴーク村を離れ、カルカッタから出航したとするとインド滞在は１年３ヶ月となる。

しかし往路と同じ路を通って、カラチから帰国の途《と》についたとなると、インド時代はさらに短くなる。ゴーク村からカラチまで歩く（杉山先生著「いのちを活きる二」P.１３２）と数ヶ月かかり、カラチから上海はさらに遠い道のりである。

「当時、インドから上海までは何日かかるか？」検証する必要がある。

日本郵船の記録によると、「１９１１（明治44）年、神戸から甲谷陀（カルカッタ）間は25日～28日かかった」という記事が残っている（国会図書館）。

「神戸～カルカッタ間25日」というのはかなりのスピードである。このスピードで推測すると「カルカッタ～上海間20日前後」であろう。

ゴーク村からカルカッタまで数日かかったとして、上海に12月25日に到着するには遅くとも11月末にゴーク村を離れているはずである。今と違い、ゴーク村から船の予約はできなかっただろうことを考えると、カルカッタで数日待たされたことも充分考えられる。船はカルカッタからペナン経由で上海に向かうとなるとひと月は要していただろうと思う。11月末ゴーク村出発という推理は、1911（明治44）年12月25日に上海にいたことを考えると妥当だろう。

（2）山座円次郎と出会ったのはいつ？

1911（明治44）年12月25日、上海上陸。

天風は1965（昭和40）年10月29日の東京真理瞑想輔成行修会の「人生の一番大切な自覚」の講演の中で、上海到着を「大正15年12月25日」と語っている。「上海に着いたのが暮れの25日。正確に言うと大正15年12月25日」と「正確に言うと」とまで付けている。そして大正から昭和に移った話までされている。もちろん昭和であるはずはない。12月25日だけを鮮明に記憶していて、年号は間違いである。

そして、1911（明治44）年12月25日、上海に上陸したその日、山座円次郎に偶然出会う。山座円次郎は1866年生まれだから天風の8歳年上である。明治・大正の外交官で駐中国特命全権公使などを務めた。「山座の前に山座なし、山座の後に山座なし」と言われたほど傑出《けっしゅつ》した人物であった。

「支那《しな》（中国の古い呼び方）の大きなまくわうり（真桑瓜）の店にいて、どれにしようかと見ていた。うしろから馬車の音がしたので振りかえったら山座だった」（１９６５・昭和40年10月29日東京真理瞑想輔成行修会「人生の一番大切な自覚」の講演。１９６４・昭和39年10月30日真理瞑想輔成行修会　人生厳戒事項）。

しかし山座円次郎が、駐中国特命全権公使として中国に来たのは「１９１３（大正２）年７月」と史実にはあるが……。これをどう解釈するか？

山座円次郎と総領事館に行く。

途中で山座が「ちゅうさん（中山・孫文）がやったよ。うまくいったらどえらい儲けだぜ」と言うのを聞いたが、まさかそのとき、自分が銀行の頭取になるとは思わなかったと話している。

密出国しているから10年経たないと帰れない。あと２年をどう過ごすかと思っていたときなので、すぐに山座の話に乗ったという。

しかしここでおかしいのは、10年である。

あと2年足りないならば8年経過したことになる。8年間どこにいたのか。アメリカに1年強。ヨーロッパに10ヶ月。インドに1年3ヶ月。

米、欧、印、併せても4年弱である。残りの3年半はどこに？

密航したので10年間は日本に帰れない。2年間中国にいたのもそのためだという（「盛大な人生」P.20。1964・昭和39年10月30日真理瞑想輔成行修会　人生厳戒事項）。

「8年なので帰れない、帰ると捕まる」という話も随所でしている（1964・昭和39年10月30日真理瞑想輔成行修会）。

8年にしてもおかしなことである。8年ならば、1903（明治36）年12月出国となる。1903（明治36）年ならば、満蒙（もと満州および内蒙古）にいないことになるし、処刑台に立った話もなくなる。

10年ならいつ出発で、いつ帰国か？

1913（大正2）年8月帰国を遡《さかのぼ》ると1904（明治37）年2月になる。これでは日露戦争まっただ中になってしまう。日露戦争終結は1905（明治38）年5月末である。また、1904（明治37）年3月21日は処刑台に立った日である。

「10年経たないと帰れない」という10年も天風の数字の誤りであろう。

(3)頭山満の底知れぬ度胸

1912(明治45)年正月、孫文が南京で臨時大総統に就任。共和制を宣言。
1912(明治45)年1月頃、中国北四川路? にて頭山満と再会(『いのちを活きる二』P.132)。

1月に頭山満、犬養毅、孫文が会見している。

頭山満と天風が上海の街で共に行動している話は随所に出てくる。

頭山満の行動は歴史に残されているから疑いの余地はない。

頭山満は1911(明治44)年12月末中国に渡っていることを考えると天風が1912(明治45)年冬に中国にいたことは事実であろう。

天風は中国で頭山満と行動を共にしているのに、日本に帰って数年ぶりに頭山満と再会したと述べている。しかしこれも講演の中での、いつもの天風流の話で思い違いによるものであろう。

「心に成功の炎を」(P.97〜100)に1914(大正3)年、頭山に挨拶に出向いたところの記述がある。弟子である天風を床の間の前に敷いた座布団に座らせて、頭山夫妻は下座に回って頭を下げて迎えいれたというのである。中国で天風に久しぶりに会い、頭山は天風の変わり様に驚いた。その天風が日本に堂々と帰国して再び頭山邸に挨拶に訪れたのでこういう処遇をされたのであろう。頭山満の人間の大きさを感じる話である。

上海で起こった、次のような逸話を講演内で話されていた。

「頭山師と私たちがとある2階で話しているところに飴屋《あめや》が飴を売りにきた。そこで飴屋を呼び2階に上げて飴をみつくろっていたら突然、飴屋が長身のピストルを頭山師の胸元に突きつけた。傍《かたわ》らには山座円次郎、孫文もいた。山座円次郎が飴屋を投げ飛ばした。そして私が階段下へ蹴落《けお》とした。『ピストルはどうしますか？』と頭山師に尋ねると、『返してやれ』と言うので、腰にさしてやった。『先生、驚いたでしょう』と尋ねると、にっこり笑い、顔色ひとつ変えないで『驚いたって間に合わんヨ』と言った。頭山師の並外れた度胸、勇気にあらためて感心したよ」

余談であるが、このように頭山満という人物は並外れた傑物と言える。

後述する、まだ野生が抜けていない虎《とら》の檻《おり》に入っても虎に襲われる人物ではないなど、天風の話には頭山満の凡人には計り知れないエピソードがたくさん残されている。単に「右翼の総統」などと思ったら大間違いである。頭山満の伝記をこれから著わそうと考えてる方がおられたら、天風の本、天風の音源を丹念に読み聴きすると頭山満の人物像が一層明らかになると思う。

１９１２（明治45）年１９１３（大正２）年（?）に山座円次郎が中国特命全権公使となり（１９６２・昭和37年京都真理瞑想輔成行修会。「志るべ」２０１４年1月号P.15）、天風は中国政府（袁世凱）の最高顧問（軍事顧問）となった。２ヶ月間（何月から何月までか不明）王侯貴族の贅沢《ぜいたく》な生活を味わう。

１９１３（大正２）年7月「辛亥第二革命」に参加。

孫文の手伝いをして支那の革命戦争に従事した。これも間違いない話であろう（「成功の実現」P.２０１）。

天風の右手第三指は曲がらずいつも伸ばしたままであった。これは辛亥革命の斬り合い時、素手で刃物を受けたためと語っている。

チョークを持ち黒板に字を書くときはいつも切られた指をピンと伸ばして字を書いていた。また頭髪をかき上げる仕草《しぐさ》をするときも同様に、斬られて動かない指をピンと伸ばして頭に手をやっていた。そして「しゃれてこうやってんじゃないんだぜ」と笑わせていた。

帰国はいつか？

1913（大正2）年8月。

「辛亥第二革命」に破れた孫文は日本に亡命し、天風も行動を共にする。

このとき、孫文から残っていた軍資金をもらう。約200万円（現在の20億円ほどか）。

これを元手に実業界に入る。

「辛亥第二革命」を終えたあと、長崎丸という船で台湾に逃れ、上陸。この船は台湾、上海、日本を結んでいた。台湾にしばらくいたという。

船中で平賀敏（天風のテープを何回聴いてもシラガビンと聞こえる。「ひ」と「し」の区別がつかない江戸っ子の天風先生は終生江戸弁であった。ヒラガビンをシラガビンで調べても分からなかったが平賀敏で謎が解けた）に会う。

平賀敏（1859–1931）は当時の日本経済界の重鎮《じゅうちん》である。

この平賀を呉錦堂（コキントウ、中国浙江省出身。日本華僑有史以来、最大の成功者）に引き合わせる。天風は呉錦堂の息子を窮地から救ったことがあるという。

1913（大正2）年8月9日、日本に帰国する（創立50周年記念テープ巻3）。

神戸に上陸したが台湾の呉錦堂氏の別荘（移情閣・通称六角堂。孫中山記念館）が舞子にあるので、舞子に向かう（1964・昭和39年10月30日真理瞑想輔成行修会　人生厳戒事項）。

1913（大正2）年8月9日、一緒に日本に来た孫文は「信濃丸」から夜陰《やいん》に乗じて小舟に乗り神戸に上陸。8月16日横浜に向かう。その後アメリカへ亡命か？（「天風先生座談」）。

この話は「哲人あの日あの時」と松崎淑子氏が詳しく記されている。

まさに、「万歳！」というほどの第一級の史料である。私の推理がピタッと合っている証拠の記事である。移情閣・通称六角堂が「孫中山記念館」という名称からもはっきりしている。その館長である陳徳仁氏の記事「辛亥革命と神戸」にあるという。

また1913（大正2）年8月18日付、神戸又《ゆう》神日報に「孫逸仙氏神戸を去る」という記事が詳しく掲載されているとのことである。

辛亥革命の前後を含め、明治30年代、日本で孫文の手伝いをしたこと（東京で孫文の護衛役を務める。「ひとありて頭山満と玄洋社」海鳥社発行P.175）など、孫文と天風の話、頭山満と孫文の話は歴史の中にもっと登場しても良いと思うが、これらが書かれている文献はないのが残念である。きっと孫文研究家たちは知らないのであろう。

「日本を離れて7、8年経ってから日本に帰ってきた」と語っている（「心に成功の炎を」P.

97)。
1908（明治41）年出国であるからこの7、8年経ってから日本に帰ってきたという記述は少しは当たっているがやはり間違いである。1908（明治41）年出国したという推理からすると5年前後外国にいたことになる。

日本に上陸後、兵庫県舞子の浜の八角堂（移情閣）に半年いた（「天風先生座談」P.172）。

移情閣に何か日誌のようなものが残ってないか？

密航の罪の期限について何度か語っているが、ここでも天風は密航の罪の期限（10年）があるので半年間神戸に隠れていたという（1965・昭和40年10月29日の真理瞑想輔成行修会の「人生の一番大切な自覚」の講演）。10年ならば、まだ4、5年残っているのに半年八角堂にいただけで上京するのは辻褄《つじつま》の合わない話だ。

調べたところ、密航の期満免除（当時は時効と言わず期満免除と言った）は3年、殺人などの重罪の時効は10年だという。そして、その時効は逃亡中の海外では停止になり、日本に戻ってから3年である。これは明治も今も同じである。となると日本に戻ってから神戸の数ヶ月～半年で日本を大手を振って歩いていたのはなぜかという疑問が残る。

先にも書いたが、「日本に戻っても1年半ばかりは支那人でいました」という言葉が残っている。支那人としていれば平気でいてもおかしくない。

また密航と言っても、日本から密航したのではなく、中国からアメリカに密航したので、日本の法律に触れなかった？　それとも有力者が手を回したか？

1914（大正3）年1月ないし2月、中村天風、海路、東京に戻る。「船から富士山を見た」と語っているから海路だろう。

しかし東海道線は1889（明治22）年に開通しており新橋〜神戸間は20時間5分で走っていた。また1909（明治42）年には12時間50分で走っていた。それなのになぜ海路なのか？

「いのちを活きる二」（P.138）では1913（大正2）年と書かれているが8月に帰国して半年間、舞子の浜にいたのであるから1914（大正3）年である。しかし半年間いたのは天風だけだから、もしかすると1〜2ヶ月だけだった可能性もある。そうすると1913（大正2）年もありえることである。ありえるというか、天風の今までの曖昧《あいまい》な数字の数々から類推すると2〜3ヶ月と考え1913（大正2）年秋〜初冬の時期と考えるほうが正しいようにも思う。

時事新報社に勤めていた？

時事新報社に勤めていた（「図説　中村天風」P.54、1965・昭和40年2月　講習会テープ等）。

イタリアの大使館に行った際のビティさんという女性との会話がある。ビティさんが外国人なのでここぞとばかりに得意になって英語で質問したら「日本語でいきましょうよ」と言われたという話を講習会では何度も話されている。

しかし銀行をはじめいくつもの会社を持ち、毎日毎晩花柳界で金をばらまいていた男がなぜ新聞記者になったのか？　疑問であるが時事新聞の記者という話はいくつも残されている（「いのちを活きる二」「哲人中村天風先生抄」）。

「日本新聞に自分の持つ建物を貸していた」とも語っている。

「そこの社会部にデスクを持っていた」と語る音源も残されている。

実業界へ転身

1913（大正2）年〜1919（大正8）年、実業界に転身する。

帰国後、台湾への船中で知り合った平賀敏を訪ねた。平賀は20億もの金があるなら銀行経営を勧め、銀行を設立した。20億円は孫文からもらったものである。銀行名は「東京実業貯蔵銀行」であり、その頭取をしていた。銀行の所在地は東京・尾張町2丁目の角、松屋の横（「成功の実現」P.263）。

その他、主な関連企業。

・伊豆電燈株式会社取締役社長。伊豆大島（【会社】哲人あの日あの時・京都支部編P.23）。

・バター、カゼインを作る会社

・大日本澱粉株式会社（日清製粉の前身）の重役。

（1965・昭和40年10月29日真理瞑想補正行修会の「人生の一番大切な自覚」の講演でこの間の詳しい人間関係が語られている【会社】哲人あの日あの時・京都支部編P.23）。

同時期、医学を学ぶことにも一生懸命だった。花柳界で遊びほうけているように受け取られている時期に勉強しているのである。

前述したように、師は東大医学部教授の青山胤通（あおやま・たねみち1859－1917）である。幼なじみであり親友でもある生涯交友関係にあった額田豊（ぬかだ・ゆたか1878－1972東邦大学の創立者）が青山胤通を紹介したのであろう。なぜなら額田豊はもともと青山胤通を師としていた。

天風は帰国してから師事したのか？　それとも渡米前に既に青山胤通に師事していたの

か不明である。

1917（大正6）年12月23日　青山胤通死去。

このとき、天風は青山胤通の解剖に立ち会っている。胤通は「自分は癌《がん》だ」と思っていたが、実は「癌」ではなかった、「癌」ではないのに「癌」だと思っているから腹にしこりまでできたのだと講演内で語っている。

阪大のカタセタンという医師（北里さんの紹介、天風より2歳年上）にアジドーシス、アルカロージスという言葉を命名してもらう？

帰国してからも北里柴三郎との付き合いがあった。

阪大の医師とも交流があり、血液と心の関係を調べていた。

「真人生の探究」には大阪医大の片瀬博士と書かれている。

遊び回っていただけかのように受け取られているがそうではない。医学の勉強をしていたのである。

血気盛んな天風

1917（大正6）年、頭山満と共に支那に渡る。

日本からの支那浪人、あぶれものが大勢になり、現地では困っていた。犬養毅（いぬかい・つよし1855－1932　当時の有力政治家。1931・昭和6年、総理大臣就任）が頭山満に事態の収拾を依頼。頭山師に天風は同行。

また「都新聞の焼き討ち、米騒動、二・二六事件に先頭を切った」とも述べている。

天風は「都新聞の焼き討ち」と言っているが、年月日は言ってない。

これは1905（明治38）年の焼き討ちと私は解釈したが、1913（大正2）年2月の焼き討ちかもしれない。「米騒動」は1918（大正7）年であろう。

　血気盛んな天風の一面をうかがい知ることができる。

「都新聞の焼き討ち」

　都新聞は、日露戦争終結時には世論に対して講和賛成を唱えたため、1905（明治38）年9月5日に講和反対を叫ぶ暴徒の焼き討ちに遭《あ》ったが（日比谷焼打事件）、またしても憲政擁護運動で第3次桂内閣を代弁する論陣を張ったため、1913（大正2）年2月11日に護憲派民衆の襲撃に遭っている（第1次護憲運動東京事件、大正政変）。この間1907（明治40）年日本新聞史上初めて地方版を創設。また1924（大正13）年8月21日には、同じく初めて天気図を掲載したことでも知られている。大正中期に大衆化が図られ、東京五大新聞（東京日日・報知・時事・東京朝日・國民）の一角を占めるようになるが、関東大震災の被害を受け社業は急激に衰退した。１９４２（昭和17）年、新聞事業令により國民新聞と合併して東京新聞となる。

「米騒動」

１９１８（大正7）年7月22日の夜間、富山県下新川郡魚津町の魚津港に、北海道への米の輸送を行なうため「伊吹丸」が寄航していたという。荷積みを行なっていたのは十二銀行（北陸銀行の前身）で、その倉庫前へ魚津町の女性労働者ら十数人が集まり、米の船積みを中止し、住民に販売するよう求め、嘆願した。このときは巡回中の警官の説諭によって解散させられたが、住民らは集会を始めるなど、米の販売を要望する人数はさらに増加していき、翌月8月3日には当時の中新川郡西水橋町（現富山市）で２００名弱の町民が集結し、米問屋や資産家に対し米の移出（他の地域に送り出すこと）を停止し、販売するよう嘆願した。

8月6日にはこの運動はさらに激しさを増し、東水橋町、滑川町の住民も巻き込み、1，０００名を超える事態となった。住民らは米の移出を実力行使で阻止し、当時1升40銭から50銭の相場だった米を35銭で販売させた。これが地方新聞（8月9日高岡新報）の記事から始まり、全国の新聞に「越中女一揆」として報道されることとなった米騒動の始まりといわれている。

虎の檻に入る天風

1918（大正7）年、虎《とら》の檻《おり》に入る（「信念と奇跡」CD）。

イタリアのコーンという猛獣使いが日本に来た。

コーンはかねがね頭山満を尊敬しており、日本に行ったならぜひお会いしたいと思っていた。そのコーンが頭山邸に来てから天風が虎の檻に入るまでの様子は以下のとおり。

――コーンが通された部屋には、黒竜会の内田良平、頭山氏の甥である松下栄が既に同席していた。コーンは頭山を見るなり「この人は虎の檻に入っても大丈夫」と言った。同時に頭山の肩をもんでいた天風を見て「あ、この人も大丈夫だ」と言った。そうすると内田良平、松下栄がすぐに「わしはどうじゃろう」と言うと、コーンは「だめだ、すぐに虎に食われちまう」と答えた。

（初対面の人を一目見ただけで、虎の檻に入れる人かどうかを見抜く力、これは一体なんなのか私・著者には理解不能だ）

翌日、頭山と天風は公演が行われるスカラ座に行く。

「虎を見せたい」とコーンが先頭に立ち猛獣の檻のある場所に私たちを案内した。そこには飼い慣らされてない虎（親子の虎）が3匹いた。

こうして連れて歩いて、徐々に人に慣れさせるためだという。

そのとき、頭山が「天風いっちょ（虎の檻に）入ってみるか」と言うと、コーンが「If you prease?」（よろしければどうぞ）と言う。

そのときの気持ちを天風は「冗談一つ言わない頭山先生が、しかも目に入れても痛くないほど可愛がっている私に、天風いっちょ入ってみるかって言うんでしょ。なんの疑いもなく入りましたがな」と講演内で語っている。そこで躊躇《ちゅうちょ》なく3頭の虎のいる檻に入る。コーンが二重扉の最初の扉を開け、天風は中に入りもう1つの扉を開けてさらに中に入った。

（いやいや、これは一体なんなのでしょう？　私・著者にはとても理解できない）

そこを同行の時事新聞の記者が写真に撮る。

その写真を昭和10年代に金子和夫氏（大阪、不動産業）が、芦屋の某家で見た。

「袴《はかま》をはいた男が虎の檻に入っている、なんて不思議な写真だろう」

名前を聞くと「天風という人らしい」と教えられ、「この人に会いたいな」と長年思っていたところ、あるとき、新聞に天風会の集まりが天王寺小学校（大阪）であるという記事を見つけ（1955・昭和30年）、この天風会は、あのときの天風ではないかと思い会場を訪ね、「ようやっと天風に巡り会えた」と語っていたのを、私自身、金子氏から聴いたことがある――。

この虎の檻に入った話はあまり知られていない。

なぜ知られていないか？　それは天風自身が、この虎の檻に入ったことをすっかり忘れていて、1955（昭和30）年、金子和夫氏に言われて初めて、ああそんなことがあったなという程度で思い出したからである。

だから、天風のそばにおられ、たくさんのエピソードを書かれた人たちは、ほとんどが戦前から昭和20年代に活躍した人たちなので、このエピソードは知らなかったのである。天風にとっては、自慢して話すほどのことではない事件、日常茶飯事的な出来事なのである。

忘れていたというところが面白い。まさに天風的である。

「中村天風　活きて生きた男」（P.152）に虎の檻の話が書かれてあるが、「虎の檻の前で、初めてコーンが頭山と天風に虎の檻に入っても大丈夫だと言った」と書いてあるが間違いである。前日、頭山家を訪問したとき既に2人に大丈夫と話をしている。

2020（令和2）年5月、「通勤大学文庫・通勤大学人物講座1・中村天風に学ぶ」にも記載されていることを見つけ嬉しくなった。家光と沢庵の講談にも触れている。

真理以外に怖いものなどない

1964（昭和39）年8月29日、東京の修練会で「沢庵禅師《たくあんぜんじ》と虎《とら》」という天風得意の講談のあとに語られたものをテープ起こししてみた。前項で書いたものと一部重なるがご容赦願いたい。

——これは大正七年の出来事なんです。イタリアからコーンという猛獣使いが来まして。あの今のスカラ座が元有楽座だった、今の有楽座じゃないんだよ、元のスカラ座、あたしの郷のくしびきゆみんど（櫛引弓人。青森県生まれ。博覧会キングと呼ばれた有名な興行師と思われるが、あたしの郷の、と天風が言うので違うかもしれない……）というのがこのイタリアの猛獣使いを連れてきたん。そいでこの猛獣使いがね、日本には頭山先生という偉い先生がいる。いっぺんお会いができないかしらと言ったら櫛引がくにのもんですから訳ないいってんでお連れしようって、その時分、れいがん（霊南?）坂に頭山さんがいる時分、櫛引弓人がそのイタリア人を連れてきた。

まだ興行を明日からやるという前の日にそして頭山さんのところに来たとき、ちょうど頭山さんの所に、あたしとそれから黒竜会の会長の内田良平と頭山さんの甥の松下栄と、こう3人いたわけだ。そうしたらそのイタリア人が来てちょうど私が英語を話せるもんだから天風いてくれ、おまえが通訳してくれって言うもんだから。初対面の挨拶が終わってから頭山さんをじーっと見て、「あ、この人は虎の檻ん中に入っても虎は食わない」、そう言ってこんだはそのうしろに私がいたろ、「ああ、この人も大丈夫だ」、そしたら内田良平が「おいどんは?」と言ったら「いやあなたは危ない」。そしたら松下栄がくにの言葉で「あたしは?」と言ったら「あんたなんかは傍らにも寄れん」。この一言があたしに信念づけたんだね。

明くる日、ぜひおいでください、そいでもって行って、そいで楽屋でお茶もらって、「連れてきた猛獣をいっぺんお日にかけましょう。ただこん中でまだ馴らしていない虎が3匹ありますが、その前を通るときだけはどんな人間でももう吠えかかりますが檻ん中ですからご安心願います」。そいで楽屋裏にものものしく鉄の檻でもってライオンだの豹《ひょう》だの虎などが入れてあるそこを通りかかった。そうすっと馴らされてない虎の前を通ると案の定「ウワーウワー」とやってます。それから頭山さんが「やっぱり勢い強かもんじゃのー」と言いながら、ひょいっとあたしを見て「天風いっちょ入ってみるか」と言ったんです。そしたらそのイタリア人の虎使いがいきなりその虎の檻の脇に立って「If you please」（よろしければどうぞ）とこう言ったんです。イタリー訛《なま》りでね。「If you please」って言いやがったんです。イタリー人ですからあの巻き舌で、そしてその……二重になっててんですから、ドアが。最初のドアを開けるとその間がちょうど1坪くらいになってて、そいで次のドアを開けると本物がいるわけなんです。最初のドアは餌《えさ》をやる人間が入るドアだとみえて別に虎いないんです。そこカチンと開けて「If you please」。

自分の子供よりも大事にする弟子の1人に「天風いっちょー入ってみるかー」と言った言葉は冗談や浮気じゃありませんから。あたしの先生ってのは冗談言うときと真剣になってもの言うとき、すぐはっきり分かる。冗談で言ったんじゃないんだから。とにかく自分の子より大事にしている人間に「いっちょ入ってみるかー」と言った言葉はこりゃもう盤《ばん》石《じゃく》の重さがあるもんねー。それと同時にはるばるイタリーから来た猛獣使いです。もしも1人の人間をまだ興行前に虎が怪我《けが》でもさせてしまったら自分の人気にかかわるだろう。

それを平気で「If you please」。そりゃ安心して入れるがなー。こりゃ入らなかったらバカや。入れるがな。すらすらーっと第1のドアの鍵開けてみると、「こうお閉めください、そっちを開ければ入れますから」と言う。開けてすーっと入って、そんとき沢庵禅師（先の講談の中で沢庵和尚は飄々《ひょうひょう》として、まさに飄々として、なんにも怖がらずに虎の檻に入り、虎と戯《たわむ》れ、何事もなかったかのように飄々として檻から出てきた）のことを考えたんや。インドの山ん中で黒豹としょっちゅう生活していた経験があるからなーんとも思わず入っていったん、なんともしやせんのや。

「何しに来やがった」という顔もしなけりゃねー、「変な奴が入って来た」という顔もしないでもって、あなた方があなた方の家の犬小屋に入ると同じようなもんだ、なーんともしやしない。1匹の頭を撫《な》でてたら、あとからくっついてきた新聞記者が、あのー古川孝志郎（大阪の天風会専属の写真屋さん）みたいなのがパーっとマグネシユウムを焚《た》きゃがった。そしたら彼の方にピャーッと行ったが、あたしにゃどうもしやしない。その写真が芦屋にいったん、本人ちっとも知らねーん。そいで25年振りに昭和30年。今ではもう大阪支部では非常に有力な会員になってますがな。その人知っている人、大阪にいくらでもいるがな、大阪の会員で手を挙げてごらん、金子和夫知っている人、ほら何人もいらあ、あとであの人に聴きなさい。本人が話しているとごくいいんだけども本人が今いませんから本人に代わって話します。

はい、何はさておき人間は万物の霊長。

人間のおっかながらなきゃならないものは真理だけ。真理以外におっかないものはないの。それをあなた方は柄《え》のないところに柄をつけてひれ（鰭）のないところにひれ（鰭）つけてからにおっかなくないものをおっかながるから、この世の中がおっかない世界になる。なんにもおっかないものはないんです。一番おっかないのは真理でその次におっかないのは自分だよ。自分が時々自分自身を迷わせる。とにかく89年のこんにちまでなんにもおっかながらずにきたからこれまで無事にいれたので。そりゃ、ずいぶん生死の境をくぐり抜けてきても、1度もおっかないと思ったことありません。不感性じゃないんでありますよ。俺だってやっぱりあれだぜ、感じっぽいんだぜ。時によると、「なんでお父さんそんなことで泣くのよ」ってよく娘から言われる。テレビを見てても泣くんです。つまされるとぽーっと、多感多情ですよ。軍事探偵してた人間ですから。だから神経がたるんでるわけじゃないんだよ。おっかなくないからおっかながらないだけなんだ。おっかないことがありゃおっかながるだろうが今までおっかないことがないだけで、おっかなくないからおっかながらないだけ。

そこに平《たいら》の人がいるけれども平で私が炭鉱の騒擾《そうじょう》事件鎮《しず》めに行ったとき、ぽんぽんぽんぽん、あたしに向けて鉄砲を撃《う》ってもあたしゃおっかなくなかった。それがどういうわけだと聴かれても説明できません。おっかなくないんだからおっかなくないんです。あなたがた、うちの玄関開けて、ああおっかねーか、かかあが。つまりあなた方が今、ご飯食べるときにお弁当を前にしておっかなかったか。おっかなくなかった、あれとおなしようなものや、それでいいわけなんだ人間は。なーんにもおっかないものはないいん。真理のみがただひたすらに怖れよ。はい、一席の講談――。

銃弾の中を平然と歩む

1918（大正7）年3月、天風を語る上では欠かせない重大事件「磐城平《いわきだいら》炭坑ストライキ」を解決する。

これは大井満著「心機を転ず」に詳しく述べられている。

また「哲人中村天風先生抄」（橋田雅人著P.165）にも詳しく書かれている。

これは、山梨県甲府の財閥、根津嘉一郎（ねづ・かいちろう1860-1940）が持つ炭鉱でストライキが起こり、陸軍大将が出向いて治めようとしたが失敗、根津氏が頭山翁に解決を依頼し、頭山翁の命を受けた天風が磐城炭鉱に出向いた話である。

平駅（現いわき駅）に降りた天風は単身で好間《よしま》村の現場に行くも、橋の向こうで半ば暴徒化している鉱夫たちが、鉄砲でバンバン撃ってくるため、警察官が危ないからと制止するのも無視して平然と橋を渡り争議を解決した。

「スペイン風邪」猛威の中「辻説法」

妻ヨシがあるとき、病気の友人にインドの話をしてほしいと天風に頼む。その頃、天風は仕事もいい加減で夕方からどんちゃん騒ぎをしており、本宅にはほとんど帰らず、5、6軒あった妾宅《しょうたく》を回っていたという。

だがどうした心境か、妻の申し出を快諾して自宅（築地一丁目十八番地）で講話を開いた。

これが天風の心に灯をともした。

2時間話してもまったく疲れを感じなかった。なんなのだろう、この気持は？　それまでは2時間どんちゃん騒ぎをして歌を唄ったりするとひどく疲れたし、仕事でも疲れを感じていたという。

3日後、妻に電話したところ「みなさん大変喜んでいました」と聞かされ、「またやろう」と自分から言い出した。そして毎週土曜日に集まりを持ち、話した。これが4ヶ月ほど続いた。

1919（大正8）年5月31日、日蓮宗による救国の時局講演会が歌舞伎座で開かれた。頭山が登壇したが無言のまま3分が過ぎた。

そして「次に出る中村天風の話を聴かれたい。私の気持ちそのままである」とだけ話して演壇を降りた。

突然、壇上に上がった天風であったが、日本民族の自覚を促す話を1時間に亘《わた》って話した（「哲人中村天風先生抄」橋田雅人著P.151）。

演壇を降りた天風はむなしい気持ちになったという。日本人が日本の良さを知らないでどうする。そうしてこれを話すのが一生の仕事と悟る。

「心に成功の炎を」（P.102）「心機を転ず」（おおいみつる著、春秋社）に詳しく書かれている。

この講演を期に、事業のすべてを止《や》めて、日本人のために講演する道を決断する。そして経営していた会社は1週間できれいさっぱり整理しみんな他人にやってしまった。

1919（大正8）年6月8日、実業界から身を引いた天風は、腰に焼きむすびをぶら下げ、がらんがらんと手持ちの鐘《かね》を鳴らして人を集め、午前は上野公園精養軒前の礎《そ》石《せき》の上で、午後は芝増上寺、当時あったという大隈重信（おおくま・しげのぶ1838－1922）の銅像の下で辻説法を開始した。

ここは「心に成功の炎を」（P.105～）に詳しい話あり（CD1965・昭和40年10月29日東京真理瞑想輔成行修会他）。

芝の地が、自分が世に出るきっかけを作ってくれたと言う。

3カ月目、芝の、いつもの茶屋でお昼を食べているところを、向井巌（むかい・いわお1858－1936天皇の諮問奉答者）という検事長に見いだされた。この人の紹介で時の総理大臣、原敬（はら・たかし1856－1921）に見込まれた。

「原の一軒おいて筋向かいに勧業銀行の大きな屋敷があいておりまして、これを借りてくれて天風会が正式に発足したのであります」（「志るべ」第91号）。

余談であるが、天風が上野と芝公園で辻説法を始めた1919（大正8）年6月頃、世界中でスペイン風邪（A型インフルエンザと思われる）が猛威を奮っていた。当時、日本でも前年から既に25万人が死亡している。その後1918年～1921年の3年間で40万人が死亡している。当時の日本の人口は5000万人。現在はその2・5倍、1億2000万人である。現在の人口に換算すると100万人の死亡である。

そういうご時世に辻説法を始めたのである。ガランガランと手持ちの鐘を鳴らし「みんなよく聴けー」と言えば上野でも芝でも人だかりができたということは、世間では日常生活をしていたということになる。これは驚きである。

コロナ騒ぎ（2020〜2021年）ではわずか一万数千人しか死亡していないのに緊急事態宣言を出し国中が右往左往している。これを天風が見たらどう思うか？　聞いてみたい気がする。

1919（大正8）年「国民心身改良実行統一協会」設立。すぐに改名「統一哲医学会」とする。事務所は東京麹町区内幸町、経国銀行跡、経国銀行の筋向かいに事務所。天皇の諮問奉答者である向井巌が認める。

その後、日本工業倶楽部（当時の有力事業家の集まり）での講演。

講演を始めた頃、青山の高木町の青山会館（国民会館）で講演。

1921（大正10）年2月頃、昭和天皇皇太子の頃、イギリスのジョージ5世の戴冠式《たいかんしき》。

これに出席するかどうかを巡って頭山満と天風先生仲違い。

最後は頭山満が謝ったという逸話あり（出典「哲人あの日あの時」P.40他）。

大天才アインシュタインを案内

1922（大正11）年11月17日、アインシュタイン（1879－1955）が来日。天風はアインシュタインを東京市内案内。あの大天才アインシュタインに天風先生が接触していたとは驚きである。

「アインシュタインと余の対話」の中に、「かつてアインシュタイン博士が我が国に来朝の際、私は東京市内を案内したことがあるが、その際、下記応答をして少々困らせられた」とある。

「日本人はシルクハットに燕尾服《えんびふく》を着て下駄を履《は》くや？」

「然らず」

「彼の学生は和服の下にシャツを着ているがいかが？」

「………？」

アインシュタインは50日強滞在したという（「人生を甦らせる方法」P.41）。

東郷平八郎（とうごう・へいはちろう1848－1934）会員になる（「図説 中村天風」P.60）。

1923（大正12）韓国京城に支部。

1924（大正13）年10月、大阪中之島公会堂（大阪中央公会堂・国指定重要文化財）にて講演。天風会大阪支部結成（「和風」P.5、「図説　中村天風」P.63）。

余談であるが私も数年前、この公会堂で話をさせていただく機会があった。天風もこの同じ演壇で話されたのだと思うと、とても感慨深いものがあった。天風が大正時代に登壇した建物、演壇がそのまま残っているのである。天風ツアーの際にはぜひ見学してほしい。

1925（大正14）年、本郷丸山福山町一に移る。加藤病院の跡。「憲政の神様」と謳《うた》われた尾崎行雄（おざき・ゆきお1858－1954）の紹介で天風会に入会した医師で政治家の後藤新平（ごとう・しんぺい1857－1929）の斡旋《あっせん》。

1925（大正14）年5月18日、尾崎行雄の別邸で講演。後藤新平、軍人で政治家の岡田啓介（おかだ・けいすけ1868－1952）、渋沢栄一（しぶさわ・えいいち1840－1931）も惚れた浅野財閥の浅野総一郎（あさの・そういちろう1848－1930）など（「図説　中村天風」P.58）。

1925（大正14）年、両親の墓を福岡県の大牟田に建立。

1925（大正14）年、本郷丸山町に移る。

「御前講演」でも堂々とした天風

1925（大正14）年11月、御前講演。

御前講演の機会は、天風の弟子で思想家の杉浦重剛（すぎうら・じゅうごう1855-1924）や東郷元帥が御前講演をした中に天風が何度も登場してくるので昭和天皇が「天風に興味を持たれたため」とのことである。

御前講演は通常40分と決まっていたが天風は2時間もした（出典「哲人あの日あの時」P.44。1961・昭和36年10月10日神戸「心とは」素録P.27）。

1928（昭和3）年3月、京都伏見藤の森の高嶋子爵邸で統一哲医学会講演。以後、京都支部創設。

1928（昭和3）年11月17日、母・テウ没74歳（「中村天風　活きて生きた男」P.226）。

1930（昭和5）年？（1937・昭和12年「志るべ」2013年3月P.14、昭和13年という記事もある？）北海道札幌講演。今井記念館。

出発3日前。声が出ない。小野という耳鼻科医診察。癌とのこと。

札幌は山形屋という旅館に宿泊。

聴衆が「話さなくていい」と天風を必死に止めるが「諸君！」と言ったとたん血が出た。どくどくと血が出たが1時間講演した。その後1週間も高熱が出た（CD死生観②）。

1930（昭和5）年、観念要素の更改法を説き始める。それまではこの言葉を使用していない。「鏡の暗示」は当初から教えていた。フランスでリンドラー博士より教わる。

脱出したライオンを治める

1938年頃？　京都の岡崎動物園。

「動物園からライオンが逃げた！」という話を聞いたとたん、天風は走って動物園に行ったという話が残っている。

天風がライオンの前まで行き、「黙ってじーっと見ていたら、ライオンがスタスタと歩いて自分から檻《おり》に入ってしまった」と語っている。

その日の「日出新聞」（「京都新聞」の前身）にも載っているという「出典「哲人あの日あの時」P.59」。

1937（昭和7）年6月1日にも岡崎動物園からライオンが逃げて、最後は射殺されたとネットに掲載されているが、これとは別の話であろう。

・警察学校講師を長く務める。

・皇族たちにも講演。宮内庁、皇宮警察での講演を定期的に行なう。

・1936（昭和11）年「二・二六事件」。

特高が先生の周囲を探る（「哲人あの日あの時」P.98。cf「哲人中村天風先生抄」橋田雅人著P.175。「心機を転ず」おおいみつる著、春秋社）。

徹底した「平和主義者」

拘留されたこともある。

平和運動家と見なされた。反戦思想家。戦争反対で捕まる人。憲兵がいつでも見張っている人。講演の度に憲兵が「弁士中止！」と叫ぶ、時に出征する兵士に「死ぬなよ」と平気で言う。これらを見ただけでとても右翼ではないことが分かる。

零戦設計者であり日本最初の旅客機YS-11の設計者でもある堀越二郎氏（ほりこし・じろう1903-1982）は、「天風先生は日華事変、太平洋戦争を不正義の戦いとして批判を続けられた」と語っている。

戦争中、命を懸《か》けて戦争反対をしたのは共産党。それでは天風は左翼か？　左翼でもない。徹底的な信念のある平和主義者である。

「世の中に右も左もなかりけり　真中一筋　誠一本」

平和という言葉が好き人であった。

私の著書に「強い人生をつくる中村天風の言葉」（あっぷる社）という本がある。重複するが、その中の一節「世の中に右も左もなかりけり真中一筋誠一本」の項をここに掲載する。

――天風は言っています。**「自分は右翼ではない」**。

かつては純粋右翼でした。国家主義でした。自分の国だけよければ他の国はどうでもよい、というのが国家主義です。しかしアメリカ、ヨーロッパ、エジプト、インドと回っているうちに、人の情けに触れて心をすっかり替えたというのです。そして国家主義であった自分を大いに恥ずかしく思いました。自分の国だけでなく、世界のどの国の人々も平等に幸せになって欲しいと思うようになりました。

そこで作った歌がこれです。

「世の中に右も左もなかりけり　真中一筋　誠一本」

この歌を紹介されるとき、天風は右腕を高く挙げ、人差し指を**「一本！」**とつきだして、真中一筋と、一段と声を張り上げられていました。

天風を右翼のようにいう人がいますが、それは全く違います。

天風は平気で戦争反対を訴えました。出征兵を送る会では**「死ぬなよー」**と声をかけました。そのため憲兵に捕まりました。

あの時代に、戦争反対を叫んで捕まる人なのです。

憲兵に見張られていた人なのです。

右翼であるわけがありません。

先の戦争を**「無謀な戦争」**と言っています。戦争批判者です。

天風という名前が右翼を連想させるのかもしれません。天風という名前は、九州柳川の抜刀術の型、「天風《あまつかぜ》」から来ています。

右翼なら戦争賛美です。それならば、戦争中命をかけて戦争反対をしたのは共産党だから左翼か？　それも違います。

強いて言うならば「徹底的な信念のある平和主義者」です。だから**「右も左もなかりけ**

り　真中一筋　誠一本」なのです。

天風は平和というい言葉が大好きでした。講演の中、本の中ではあちこちに平和という言葉が出てきます。

天風会の体操の一つに積極体操というものがあります。現在は積極体操と呼んでいますが、元の名前は「平和運動」です。体操に平和という名前を付けるのですから右翼のはずがありません。一、二、三と呼称する代わりに「平和だ平和だ」と呼称していました。

天風の哲学を、心身統一法・統一道などと呼んでいますが、私は広い意味で「平和道」でもあると思います。アメリカによる原爆投下を激しく批判していました。そういう意味で統一道は心と身体の平和であり、家庭の平和、ひいては世界の平和に繋がる平和運動なのだと思います。

「もう少し、平等であってもいいのではないか」と格差社会を嘆いている言葉もあります。昭和三〇年代に、格差社会を嘆いていたのです。天風が今の激しい格差社会を見たらなんと言うのでしょう。みんなが幸せであって欲しいと心から願った人でもあります。

天風会員が毎朝唱える今日一日の生き方の規範に「誓詞《せいし》」というものがあります。その中にも**「恒に平和と愛とを失わざる」**という言葉があります。

プラス言葉を使えよ、他人を傷つける言葉を使うなよという中でも、**「平和に満ちた言葉でのみ生きよう」**と、ここでも平和という言葉が出てきます。

平和が大好きな、平和という言葉が大好きな平和主義者なのです。――

墜落したアメリカ兵を助ける

・1938（昭和13）年10月、名古屋支部誕生。支部長・近藤房吉氏。

・1940（昭和15）年1月、「統一哲医学会」から「天風会」に改称。

・御前（昭和天皇）講演の翌月、ドイツのドリュース博士来日。再会する。ドイツベルリン大学の名誉哲学博士の学位をもらう（「天風先生座談」P.102　1959・昭和34年芦屋講演）。

・1941（昭和16）年日米開戦、戦争反対の立場を貫く（出典「哲人あの日あの時」P.42）。

・1945（昭和20）年3月、本郷区丸山福山町の屋敷が取り払われる。

戦争反対、戦争批判の危険人物として強制疎開となる。野崎郁子（のざき・いくこ天風会第3代会長）の縁者の世話で茨城県利根町布川、野田和雄家の2階を借りる。

・1945（昭和20）年5月25日。B29竜ヶ崎町佐沼に墜落。米兵を助ける。

近衛師団から「玉音盤」を守る

・1945（昭和20）年8月14日、近衛師団の若い兵士が玉音盤を奪いに皇居内に乱入してきたが追い返し、玉音盤を守る。この話は大井満（ペンネーム　おおいみつる）の「心機を転ず」（春秋社）に詳しく載っている。

また、「Tem Pu Online－天風」に「15・終戦玉音放送録音盤秘話」と題して収録されている（1960・昭和35年8月13日　神戸修練会）。

これは世間には知られていないが「五・一五事件」「二・二六事件」以上の事件である。私は自称「天風を世に知らしめる会の会長」を自認しているので、この事件をなんとか世に出そうと思っている。

それは天風を世に知らしめる素晴らしい題材だと思うからである。そのうちＮＨＫが取り上げる日が必ずくると信じている。

・1945（昭和20）年10月、ＧＨＱ（連合国軍総司令部）のＣＰＣ（民間財産管理局）の特別嘱託。第一生命ビルにＧＨＱの司令部があった。マイケルバーガー中将に呼ばれる。

・1945（昭和20）年12月、疎開先の茨城県布川を引き上げる。中目黒の島中俊次邸に移る。

・1946（昭和21）年10月、東京港区虎ノ門ビルにて戦後初の講習会。
・1946（昭和21）年、戦後初の修練会。
・1947（昭和22）年3月、「真人生の探求」発刊（初版・国民教育普及会　2刷以降・天風会）。
・1948（昭和23）年4月、「研心抄」発刊。
・1949（昭和24）年4月、「練身抄」発刊。
・1947（昭和22）年10月20日、有楽町毎日新聞社ホールでGHQの幹部、将校250名を対象に講演。ロックフェラー三世出席。
・1948（昭和23）年、再び丸山福山町に居を構える。
・1949（昭和24）年、文京区音羽の護国寺月光殿が定期的な講習会会場となる。
・1962（昭和37）年、財団法人となる。
・1962（昭和37）年2月？　妻　死去。護国寺（出典「哲人あの日あの時」P.55）。
・1968（昭和43）年4月、天風会館落成。
・1968（昭和43）年12月1日午前1時55分　95歳。大霊に帰す。
死因　胆石症、胆嚢炎併発　東京本部顧問医発表（長沢民治氏代表）。

当日夕刻過ぎまで、意識明瞭。まさに大往生。自然死、老衰である。

・分骨　①神戸　神戸市徳光院。
②浜田一州師分骨を戴く。
③徳泉院　堺市（「志るべ」第92号P.51）。

8つの名前

天風には8つの名前がある。

（1）三午（さんご）源（みなもと）の光興（みつおき）（最初の名前）
（2）中村三郎（中村祐興にもらわれたときの名前）
（3）藤村義雄（軍事探偵時代）
（4）ハンタイヤ（軍事探偵時代現地名）
（5）孫　逸郎（そんいつろう）（アメリカへ密航するときの変名）
（6）李　宗順（りそうきん）（アメリカで大学に通っているとき）
（7）旺喇毘呍呍蛇（オーラ　ビンダ）（カリアッパ師がつけた名前）
「天の心を自己の心にする人」という意味

（8）中村天風 （頭山満がつけた名前）

訪れた国々

中国、朝鮮、アメリカ、イギリス、フランス、ドイツ、スイス、ベルギー、北極圏、フィンランド、ノルウェー、スエーデン、エジプト、インド、ミャンマーなど。

天風の言としてチベット、ラサに行ったという記事あり。昭和5，6年？（出典「最新犬の訓練と飼育」）。

驚くべき英語力

天風は渡米前に英語力はかなりあったようである。

原書も読んでいた。会話もできていた。

渡米後すぐに自分の考えを英語で話し、相手の会話も理解していた。天風の英語力はどこでついたのかは興味のあるところである。

英字新聞を購読していたほどの英語力のある父祐興（すけおき）の影響もあるだろう。その姿を見ていて影響を受けただろうが父から英語の手ほどきを受けたとは思われない。

「父の職場のすぐ隣りに英国人夫妻が住んでおり、幼い頃から出入りし、その影響が大きい」と指摘する人もいるが、小学生の子供が近所の外人と遊んだとて原書が読めるほどの英語力が身についたとも思われない。

一番は国語以外のすべての教科を英語で教育された修猷館の2年半ではないだろうか。このことを第4代会長杉山彦一先生に質問したところ、「修猷館が大きな役割を果たした」と私に語った。さらに結核になってから手にした英語の本を読むために勉強したからではないだろうか。どうしても読みたい本を、辞書を片手に読もうとしたら、並はずれた頭脳の持ち主の天風なら原書を読むくらいわけなくできたとも考えられる。

1904（明治37）年、ロシア兵と英語で会話している（「盛大な人生」P.232）。これが本当なら、どこで身につけたのだろうか。謎である。

他の外国語。

フランス語、65歳から勉強。

ドイツ語、70歳から。

ロシア語、80歳から。

80過ぎてロシア語を、それも独学で勉強するとは驚きである。

母・娘　天風の講演を聴く

天風7歳のとき、母に聞いた。

「なぜ、人間は嫌いな人と好きな人がいるの?」

「大きくなったら分かりますよ」

そのことを後年、母に聞いた。

「そんなこと分かるわけないでしょう。分からないからこうしてあなたの講演を聴いてるんです」（1964・昭和39年夏期修練会8月24日　力の誦句）。

・外遊中に娘誕生。1908（明治41）年or1909（明治42）年?

ヨガの部落で瞑想中、家族、故郷を想っていた。娘が生まれたことを知っていた。

剣術

随変流。6歳から家伝の抜刀術随変流を修行。

随変流は立花宗茂（たちばな・むねしげ。1567-1643）を流祖とし、戦国時代そのままの形を伝えていると言われる。

抜刀術。佐賀藩。

6歳から日本刀を扱うことを仕込まれた（1964・昭和39年京都、夏期修練会　勇気の誦句）。

3歳からやっているというテープもある（「成功の実現」P.319）。

満州時代、仕込み杖・備前長船。

柔道

河野金吉について清国に渡るとき、既に初段だった。講道館で取ったという。

その後、柔道3段。当時、日本最高は5段がただ1人。

「三船久蔵（みふね・きゅうぞう1883-1965）はまだ2段だった」と天風は言う。

そのときの3段だから、相当強かった。

今泉八郎先生の道場（御徒町）に通う。空白の明治30年代ではなかろうか。

柔道、剣道6歳から修業（「志るべ」No.28 P.32、中村至道著）。

福岡では玄洋社の道場、明道館に通う。

好きな人

筆頭は宮本武蔵。次は山岡鉄舟。

学歴

本郷湯島小学校卒業。

伝習館　放校。

修猷館　退学。

学習院　1ヶ月で退学。

順天求合社　2日で退学というテープ有るが………疑問である。

日露戦争後、結核療養中、牧師に会い、「学校の帰りです」と答えている（中村天風講演録「心身統一法入門編」第5巻神経反射の調節法）。学校の帰りというが何の学校？

コロンビア大学医学部基礎医学8ヶ月在籍博士号取得。臨床学部・耳鼻咽喉科卒業。

「青山胤通のところで医学を研究した。同時期に額田豊氏も弟子であった」と語っている。いつ医学を研究したのか。渡米前？

帰国後も青山胤通のところで医学を学んでいた。

帰国後に阪大の「片瀬たん?」（北里柴三郎氏の紹介）という医学者と交流あり。純正アルカロージス、アジドーシスなどの言葉を作ってもらった?

帰国後、さらに医学を研究していた。

身体

・身長　5尺4寸（163・62cm）（中村天風講演録集「研修科編」巻1）。

・体重　17貫500匁（?）1965年、65・6kg。

15貫500匁、58kg。80代（出典「いわ」P.365）。

17貫200匁あると語るCDがある。

フランス時代　9貫800匁（36・7kg）。

インドで1年も経たずに15貫500匁（58kg）になった。以後、これが天風の理想の体重と言う。

・血圧　120／60

・不整脈無し、心電図　ST、T変化なし（正常）。

・両眼共に強度の乱視と軽度の白内障。

左眼　裸眼視力０・１　強度の遠視性乱視のレンズで矯正０・６。
左眼の視力がない？（「心に成功の炎を」P.１３２）。
右眼　裸眼も矯正も０・１の半分も見えていない。視力０。
爆風にやられた（日露戦争時）。中心暗点にて見えてない。
網膜に出血または浮腫を起こした痕跡あり。
（昭和35年8月　出典「和風」P.１５８）
（昭和36年頃　出典　山田保夫・眼科医）
（「哲人あの日あの時」全国版P.２３８）
・歯　誕生時、前歯2本生えていた。
左の歯が悪い。爆裂弾でやられた（「心に成功の炎を」P.１３１）。

１９４８（昭和23）年頃、下顎歯ゼロ。鉄橋爆破時の爆風でだめになったとのこと（出典「哲人あの日あの時」P.11）。
・頭　小さい。子供の帽子のサイズ。帽子屋さん曰く「小学校4年生の頭ですな」。
・肺　左右とも上肺の3分の1結核病巣、肺尖に硬化像あり（「志るべ」№46 P.15。今津三郎医博診察）。

・右手第三指曲がらず。辛亥革命時、素手で刃物を受けたため。
・どもり「幼少時、自分はひどいどもりだった。そしてかなり長い時期までどもりだった」と述べている。
・インドから帰国後、なんの病にもかかからなかったわけではない。事実、身体の具合が悪いので電動器を使用していた。丈夫な身体になるまで5年に1度～6年に1度、医者が首をかしげるような病に冒されたことがある（1956・昭和31年11月23日テープ。「志るべ」№403号29頁から36頁）。
・1930（昭和5）年、北海道札幌講演（今井記念館）。出発3日前。声が出ない。小野という耳鼻科医診察。癌とのこと。聴衆が止めるのを振り切り「諸君！」と言ったら血が出た。どくどく出た。その後、1週間高熱。

書

「軍事探偵している時分に暇な時間が多かったんで、あの有名な李鴻章（り・こうしょう）。中国清代の政治家。1823-1901）の甥に当たる、李コウコウという有名な学者で書家の人が、ちょうど奉天にいたんでせめて字でも教わろうと行ったんだ」（1962・昭和37年。京都の夏期修練会　信念の誦句）。

篆刻《てんこく》

柘植《つげ》の印材で天風会の印を作る。落款《らっかん》はすべて自作。水晶でも彫る。

彫刻

たくさん残されている。天風会館の2階に展示あり。

日本画

日本画　色紙、掛け軸、たくさん残されている。

工作

日曜大工　机、飾り棚、小箱を作り周りに彫刻を施す。筆立てなど。

歯　京都の歯科医橋田雅人先生に習って自分の歯は自分で作ったり直していた。

多趣味だった天風

・機械類が好き　工場見学を好んだ。
・写真機を集めていた。邸内に暗室を作っていた。引き延ばし焼き付けをしていた。最後のカメラはコンタックス。
・時計の分解。「軍事探偵時代に時計が止まったのを直した」と講習会で話されていた。
・「16ミリ撮影機を購入しすぐに分解してみた」話も何度も聴いた。
・映画はパテベビーのフィルムから始まり8㎜、16㎜まで揃えていた。シナリオを作り、落語家と一緒に映画を撮っていた。
・釣り　海釣りが好き。多摩川で鮎《あゆ》釣り。
・碁
・スポーツ　なんでも大好き。野球大好き。若者相手にノックをしている写真あり。ジャイアンツファン。ホッケーが好き。元日は遠くまでホッケーを見に行った。相撲大好き。庭に土俵があった。東京場所をよく見に行った。時津風夫妻が会員。正月の年賀の会に力士が先生の横に座っていた。

これは私にも覚えがある。

・犬好き　無類の犬好き。たくさん飼われていた。大きな種類の犬が好き。セントバーナード、セパード、秋田犬、樺太犬。ドーベルマン。中国のチャウチャウもいた。

・馬好きだが競馬はやらない。

・芸事

日本舞踊　落語家の三木助に粋な踊りを教わった。丸橋忠弥が得意。私も1、2度見たことがある。

長唄「あまり上手ではなかった」（野崎郁子三代目会長談）。

小唄　晩年　師匠は中村派の家元中村貴美。

尺八　高杉晋作愛用のもの。

（筆者註　天風の幅広い趣味には驚かされる。多趣味などと一言で片付けられないほど趣味が多い。また芸達者であった）

日常

・起床後
養動法、安定打坐。
布団を戸棚にしまう。寝床に「有り難う有り難う」と言いながら。
風呂場で水浴び。
裸のまま髭剃《ひげそ》り。
庭に出て呼吸操練、体操。
愛犬に言葉をかける。
池の金魚や小鳥に餌《えさ》やり（この間、裸）。
部屋で着物、袴《はかま》をお召しになる。
机に向かう。正座にて字を書く。字を書くことが好きだった。
・食事
食事は2食。朝は10時半前後。パン、オートミールが好き。
夕食は6時前後。
野菜が中心。総菜料理が好き。

生野菜も好き。トマト、キュウリなど。オニオンソースをかける。
魚は白身魚が好き。舌平目のバタ焼きが好き。
干物が好き、うるめの丸干し、くさやなど。
「生の魚より干物のほうが健康的で身体のためになる」と言っていた。
ふぐは絶対に食べない。頭山門下の掟《おきて》。
肉　牛肉は絶対に食さない。鶏肉は時に少々。
好きな料理は、天ぷら、卵料理、晩年はだんだん嫌いになった。
豆腐が好き。湯豆腐好き。豆類、とくに納豆が好き。
・酒　25歳で止める（出典「いわ」P.211、P.214。統一式治病法神戸テープ「人生を甦らせる方法」P.52）。
・たばこ　かなりのヘビースモーカーだったが禁煙した。
戦前か戦後？　不明。ある人が、「たばこを止めたいがなかなか止められない」と言うので、「そんなの簡単だよ」と言いながら、自分の吸いかけの葉巻を灰皿へぐりぐりと押しつぶして「さあこれでおしまい」そしてポンと手を打って止めたという（「哲人あの日あの時」P.22）。

死因

胆石症並びに胆嚢炎《たんのうえん》→肺炎併発（「志るべ」第92号P.49　東京本部顧問医談。長沢民治、島中俊次、森田浩一郎）。

これが公式発表である。しかし、その顧問医の1人である森田浩一郎氏は、その著書「天風先生の教え」（ごま書房、1998年2月）の中で「肺癌《はいがん》」と言い切っている。

この矛盾は一体何か。残念ながら2008年12月当時、森田氏以外の2人の顧問医は死去しており真実は不明である。しかし森田氏の肺癌説は根拠がない。痰《たん》が出て苦しいから肺癌だと決めている。

胸部レントゲン写真はなし、喀痰の細胞診もなし。肺癌ではないだろう。

そこで、この点について森田氏に2008年12月6日、電話でお尋ねした。

「天風先生の死因は今でも肺癌だと思われますか？」

「間違いなく肺癌です」

「胸の写真は撮られていますか？」

「撮ってない」

「胆嚢炎という説もありますがどうですか？」

「そういうことはない」（即座に否定）

森田氏はお側に長くおられて主治医的な役割を果たされていた方である。しかし末期に痰が多かったから肺癌だと言い切ることはできない。高齢者の末期はほとんど痰が絡むものである。

胆石の症状を数年前から持ち黄疸《おうだん》症状を呈した時期もある。やはり、「志るべ」第92号の医師団の発表どおり「胆石症」「肺炎」が正しいと思われる。

胆石、胆囊炎を死因とするには胆石、胆囊炎という疾病があまりにも軽すぎるきらいがある。引き金にはなっているだろうが……。

あえて、恐れ多いことだが私が死亡診断書に死因を書くならば「老衰」と書くだろう。

私的には、死因は「老衰」である。

また、有泉金水という医師だけが最期を看取ったと書いてある本（藤平光一「気の確立」P.139）があるが間違いである。

哲人の称号

以下の３人が哲人と名乗るように働きかける。
石川素堂　生き仏といわれた鶴見の総持寺管長。
東郷元帥　東洋のネルソンと呼ばれた。日露戦争でバルチック艦隊を破る。
杉浦重剛　天皇に講義。

入会金

１９３６（昭和11）年、入会金45円＋研修料60円＝１０５円、学生25円（「和風」P.47）。

修練会費４４０円（「和風」P.45）。

cf阪人の薬局公務員給料45円。


１９６７（昭和42）年、修練会費２０００円　13日間（ナイター3日含む）。学生１０００円。

おわりに……天風のように生きたい

書き始めて16年近く経過した。私もたくさんの本を出版させていただいたが、1冊の本にこれだけ長く取り組んだのは初めてである。人の一生を正確に描こうとするとこれだけ長くかかるものだと、つくづく思う。

しかし、何度読み返しても読み返すたびに不備な点が次々に見つかる。もういいだろうと思うと、まだまだだと新しい資料が登場する。そうこうしているうちに、これでは出版の機会がなくなると思い、思い切っていったん打ち切ることにした。

出版したとたん、間違いが見つかるのではないかとも思うが、それもありかと楽観している。どうか皆さんでより良い物にしていただけたらこれ以上の喜びはない。

思えば、こんなに多くの方々に協力していただいて1冊の本が完成するという経験は初めてである。感謝である。

この本を書くにあたって、最も多くの情報を提供している東京の音源について私事であるがどうしてもお伝えしておきたい。大げさに言えば「東京音源秘話」である。

東京の音源は、昭和38年〜40年頃、東京護国寺月光殿にて夏の修練会が開催されていたが、友人の秋元房雄君（のちに私の妹と結婚）、高橋靖夫君（駒場東邦高校時代、私を天風会に誘ってくれた大恩人の友人）、私の兄・吉弘、そして私との4人が協同で録音したものである。

若い我々にとって、天風の録音がどうしてもほしかったのであろう。誰が言い出したのか、どういう経過で録音が始まったかは定かではないが、当時、電気係として録音を担当していた秋元君の力が大きいように思う。それは電気係として管理の厳しかった録音テープを持ち出せ、それをまた何食わぬ顔で元の場所に戻せる立場にいたことである。

そして幸いなことに我が家に兄愛用の「赤井の録音機」、オープンリールで十数kgはあろうかという重い録音機があったことである。当時、録音機が家庭にあるということは非常に珍しかった時代である。その時代に我が家にあったのである。これを茶色の格子縞の大きな風呂敷に包んで私が月光殿まで運び、毎日の修練会が終わったあと、なんだかんだ月光殿に泊まる口実をもうけて密かに泊まり込み、夜中、みんなでテープのダビングをしたのである。若いお坊さんと一緒にジンを飲みながら語ったことが懐《なつ》かしく思い出される。

この4人の結束によって貴重なテープが残されたと言っても過言ではない。貴重な、というのは、東京会場の音源がほとんど残されてないのに、ここに現存しているからである。

　現在、天風会で使用されている音源のほとんどは京都、大阪、神戸、香里、名古屋のものばかりである。東京の講習会、真理瞑想の音源が中心になり作製されたＣＤ、書籍はほとんど皆無？　ではないだろうか。

　私以外、他の3人はもう故人になってしまったが、秋元、高橋、そして兄にあらためて感謝したい。そして月光殿でダビングされたテープのほとんどは私が保管することになった。これを、録音後、10年ほど経ってからカセットテープに再ダビングして聴きやすいようにした。それを20年、30年、通勤の行き帰りに車の中で何度も何度も、それこそ何百回も聴いてきた。これが、今回の年表作りに大いに役立っている。

　２０１９年、私の手元にあったオープンリールの元の音源はすべて天風会本部に寄贈したので、そのうち皆さんのお耳にも入ることと思う。乞うご期待である。

　自分で言うのも気が引けるが、私自身、多くの天風おたくの方々にも負けない相当の天風おたくであると自負している。

「天風のように生きよう」「天風に褒《ほ》められよう」と思って今日までずっと生きてきた。

天風との出会いは、駒場東邦高校2年生のとき、級友の高橋靖夫君が私を天風会に誘ってくれたからである。私が都立西校の受験に落ちやむなく通った高校で高橋君と親しくなった。

これが幸いした。天が采配《さいはい》してくれたのである。おかげで生涯の師に巡り会えたのである。「失敗は成功の基《もと》」「無駄なものは何ひとつない」と思える考え方の基礎は、この天風との出会いから発している。

天風に巡り会い、大学の6年間（医学部は6年）の夏休みはすべて天風会と共にあった。

当時、「修練会」という天風会の催しが毎夏、名古屋、京都、大阪、神戸、東京で開かれていた。それぞれ長いときで15日間、その後少し短くなって12日間、その修練会に京都、大阪、神戸、東京の4箇所に毎夏参加したのである。まさに天風の追っかけである。

90歳近いこの人に直接教えていただけるのは、今しかないと思っていたのである。

しかし、よく、親が許してくれたものだと、感謝である。また大学に入るまでの1年間予備校に通ったが、その間、予備校生の身でありながら、授業が終わると走って天風のお宅に何度も通ったものである。そして夕飯をご一緒させていただいたこともある。懐かしい思い出である。

私の生活信条は「天風おたくを通すこと」である。

だから2020年から今日までのコロナの時代、世間は大騒ぎ、マスクするのが当たり前になっているが、私はほとんどノーマスクで通している。診療中もノーマスクである。なぜなら天風がマスクはするな、「口に褌《ふんどし》してどうするのだ」と言っていたからである。マスクをすることは天風に嗤《わら》われる行為、叱《しか》られる行為だからである。「天風に嗤われる叱られる行為はしない」というのが、私の天風教義の実践であるからである。天風がマスクをしている姿などありえないと思うからである。

もちろん、手指のアルコール消毒などとても恥ずかしいのでしない。天風が自らの手指をアルコール消毒する姿は決してないだろうと思うからである。コロナ疑いの患者を診察する際も、私1人防護服も着ずに普通の白衣のままである。コロナに罹《かか》るとも思わないし、罹ったらどうしようとも思わないからである。PCR用の検体の入ったスピッツを素《す》手《で》で処理していた。端《はた》から見たら、積極をはき違えた愚か者だろうが、私にとってそんなことはどうでも良いのである。

天風は「人間は強いのだ。人の身体は自然良能力（自然治癒《ちゆ》力を天風は自然良能力と言っていた）で守られている。自然良能力に反するようなことはするな、化学薬品は飲むな」と会員を叱咤激励《しったげきれい》していた。そこで私も天風の医療観を毎日の医療に活かして診療している。そのため薬などは極力出さない医療を心がけている。

私自身が帯状疱疹《たいじょうほうしん》（ヘルペス）に見舞われたときもなんら治療はしなかった。また、激しい突発性難聴に襲われたときでさえ「耳鼻科に早く行け、行かないと大変なことになるぞ」と医師仲間から言われたが行かなかった。行こうという気が起こらなかった。これしきのことで入院したら天風に嗤われる。よし自分で治してみようと思い実行した。天風に「よくやった」と言われたいためである。結果は上々であった。天風の「松本、よくやったな。えらい！」の声が聞こえた気がして、「ああこれで褒められたな」と自己満足したものである。まさに「天風おたく、ここにあり」と自画自賛して喜んでいる。

まあ1人くらい、こんなおたくがいても良いのではないだろうか。

私は、「天風を世に広める会」の会長を自認している。会長であるが会員は私1人である。

天風をもっともっと世に広めたいと思っている。

どうぞ、この本をお読みになった皆さん、天風おたくになってください。
そして天風の考え方をしっかり身につけて、ご自身の幸せな人生を築いてください。
そして平和な世の中になるよう、共に歩みましょう。

この本の出版にあたりザ・ブックの山下隆夫氏には本当にお世話になりました。心よりお礼申し上げます。高校時代からの友人、遠藤靖子氏には、翻訳家の視点で英語部分の監修、文の隅々まで点検をしていただき感謝です。また多くの方々に大変お世話になりました。ありがとうございました。

松本光正

2021年8月

［著者紹介］

松本光正（まつもと・みつまさ）

1943年大阪生まれ。1969年北海道大学医学部卒業。1971年医療生協さいたま入職。2014年サン松本クリニック開設。内科医師。天風会講師。中村天風研究家。

1960年、高校2年生の時、天風会入会。高校時代から大学時代にかけて中村天風の最晩年の弟子として指導を受ける。
高血圧は「症」のつく病ではないから血圧の薬はのんではいけない、コレステロールも薬を飲むような「症」のつく病ではない、「癌」は手術するな、抗ガン剤は使うな、認知症の予防、笑いと健康など、天風の医療観を中心に患者さんの立場に立って科学的に、分かりやすく、楽しく、面白く講演をすることに生き甲斐を感じ、年数十回、全国を講演して回っている。

著書に、「呆けずに長生き！」（あっぷる出版社）「強い人生を作る中村天風の言葉」（あっぷる出版社）「中村天風の教え　君子医者に近寄らず」（あっぷる出版社）「やっぱり高血圧はほっとくのが一番」（講談社）「高血圧はほっとくのが一番」（講談社）「検診・手術・抗がん剤の前に読む『癌』の本」（あっぷる出版社）「かぜ薬はのむな」（角川新書）「癌は治さなくていい」（長崎出版）「飲み方をかえれば漢方は効く」（本の泉社）「人生いきいき　笑いは病を防ぐ特効薬」（めばえ社）「笑いと健康・君子医者に近寄らず」（本の泉社）「血圧心配症ですよ！」（本の泉社）。共著に、「中村天風を学ぶ」（河出書房新社）「自宅で高血圧を下げる方法」（辰巳出版）「老後の健康」（文春文庫）「高血圧を自力で治す本」（マキノ出版）他多数。

最晩年の弟子が語る
新説　中村天風の歴史

著　者　松本光正

二〇二一年一〇月二〇日　初版印刷
二〇二一年一〇月三〇日　初版発行

発行者　山下隆夫
発行　株式会社　ザ・ブック
東京都国分寺市西町三―三二―六ＢＥＬＩＳＴＡ国立二〇四
電話（〇四二）五〇五―四〇二六

発　売　株式会社　河出書房新社
東京都渋谷区千駄ヶ谷二―三二―二
電話（〇三）三四〇四―一二〇一（営業）
https://www.kawade.co.jp/

印刷・製本　株式会社　公栄社

ISBN 978-4-309-92234-8